현재鉉齋 김흥호金興浩 선생
(1919~2012)
탄생 백주년 기념출간

심재心齋

현재鉉齋 김흥호金興浩
생각하는 사람의

심재心齋

김흥호

사색인서고문집

프롤로그

말씀

생각은 진리에 대한 그리움이라고 한다.
추운 겨울에 햇볕을 찾듯이
사람은 진리를 사모하게 마련이다.
날씨가 쌀쌀해질수록, 마음이 쓸쓸해질수록
사람은 빛을 찾고 볕을 그린다.
생각은 한없이 넓은 허공 사이에서
태양처럼 끝없이 달리고 있는데
우리의 속알은
빛보다도 빠르게 흘러가고 있는 것일까.
생각! 끝없는 생각! 무엇이 그리워서 그리 달리나!
곰곰, 겨울의 몇 달을 아무것도 먹지 않고
잠을 잔다는 곰.
곰도 생각하느라고 곰곰.
흰 눈이 내린다.
말씀이 내린다.

흰 눈에 덮여, 말씀에 덮여 만물은 잠이 들고
깊은 사색에 콜콜.
말씀을 듣느라고
너무 긴장된 탓일까.
생각하느라고 피곤을 느꼈을까.
이르고 또 일러, 일러주고 받아
생각 주고받기, 주고 주다.
스승은 죽고 생각은 늘어 학생도 늙다.
말씀의 깊은 숨 쉬고 쉬어
말씀의 코골, 한없이 자기 싫도록 자고 깰 때,
보리. 진리를 보리. 자기를 보리. 나라를 보리.
빛을 보리. 존재를 보리. 기쁨을 보리.
보리를 보리. 산빛을 보리. 참삶을 보리.

김흥호

차례

프롤로그: 말씀 _ 4

제1장 생각

생각은 정신적인 호흡 _ 22
생각 _ 24
깨달음이 나온다 _ 25
진리와 도道 _ 26
생각하는 것을 배웠다 _ 27
생각하러 온 사람 _ 28
숨 쉬는 육체와 말하는 정신 _ 29
각일覺日 _ 30
하늘땅을 본받음 _ 31
제소리 _ 32
대장부의 길 _ 33
깊이 생각하고 높이 앉은 사람 _ 34

내가 있기 때문에 생각한다 _ 36
노자는 어떤 상징을 봤을까 _ 37
명상瞑想과 관상觀想 _ 38
기도 _ 39
깬다는 것과 깨끗하다는 것 _ 40
생각하는 사람이 되자 _ 41
내가 사는 곳 _ 42
생각이란 자유로운 것이다 _ 43
생각의 자료 _ 44
변變, 불변不變, 간이簡易 _ 45
하늘의 시민 _ 47
자기 본성의 발견 _ 48
정의입신精義入神 _ 49
생각을 바로하면 _ 51
시숙時熟 _ 52
생각엔 거짓이 없어야 하고, 말은 빈 게 없어야 한다 _ 54
사색思索 _ 55

나라가 없으면 철학이 없다 _ 56

물은 멎으면 물이 아니다 _ 59

태초에 생각이 있었다 _ 60

철학은 이치를 밝히는 것 _ 62

철학개론 _ 64

철든 사람 _ 66

죽음에의 준비 _ 68

천명지위성天命之謂性 _ 69

발전이 곧 제자리다 _ 71

생각하지 않는 것이 걱정이다 _ 73

생각은 자기반성이다 _ 74

진리는 태도다 _ 75

필연적이고 보편적인 진리 _ 77

내 속에도 진리가 있다 _ 78

인의仁義의 길 _ 79

자기의 자기됨 _ 80

말이 많고 걱정이 많은 것 _ 81

교만이라는 병 _ 82

거룩한 영의 도움 _ 83

보이지 않는 힘 _ 84

마음 바다 · 몸 산 _ 85

생각 없는 직관 _ 87

사람은 하늘의 아들 _ 89

제2장 번뇌

정精 _ 92

사死랑浪 _ 95

성욕性慾이 아닌 성리性理로 _ 97

욕慾 _ 98

금식 _ 99

타락 _ 101

말 _ 103

때 _ 105

성性과 명命 _ 107

번뇌를 해결하는 길 _ 108

철학을 한다는 것 _ 109

인생의 목적 _ 110

나알알나 _ 111

생로병사 _ 113

자연인으로부터 자유인으로 _ 115

출가 _ 118

진리는 존재의 존재방식이다 _ 121

자율, 자연, 자유 _ 122

세상에서 제일 나쁜 것이 좋게 보이는 날 _ 123

종교란 건강을 회복하는 일이다 _ 124

이열치열以熱治熱 _ 125

세상에 악마는 나다 _ 127

생사일여生死一如 _ 128

자살은 큰 죽음마저도 작게 만든다 _ 130

생사生死는 수단이지 목적이 아니다 _ 131

사람은 물음이요 동시에 대답이다 _ 133

우리도 철들 때가 되지 않았나 _ 135

제3장 심재心齋

심재心齋 _ 138

재계목욕齋戒沐浴 _ 140

세심洗心 _ 141

마음은 본래 허공이다 _ 142

하루에 세 번씩 자기 자신을 반성함 _ 143

물 _ 144

사명 _ 146

운명 _ 147

탐貪 진瞋 치癡 _ 148

빠지면 멸망한다 _ 150

삼독三毒을 뽑아버림 _ 152

내가 해야 한다 _ 154

자치自治 _ 156

무엇을 기르는가 _ 158

몸맘·맘몸 _ 160

금식기도 _ 162

시중時中 _ 164

육체와 정신의 통일 _ 166

일좌식一坐食 _ 167

공부 _ 169

일식·일좌·일인·일언 _ 171

진실무망眞實无妄 _ 174

불경확不耕穫 _ 175

자족自足 _ 177

눈을 못 뜨면 살았어도 산 것이 아니다 _ 179

내가 깨어야 한다 _ 180

나를 이겨야 한다 _ 182

선구적 결단 _ 183

내가 보물이다 _ 186

제4장 스승

스승의 모습 _ 190

선생과 학생 _ 192

생을 넘어선 사람 _ 193

내 정신의 칼날 _ 194

가난한 마음 _ 195

큰 선생님을 붙잡아야 한다 _ 196

선생님의 한 말씀 _ 197

정인보 선생 _ 199

스승의 사랑 _ 201

지知의 빛을 비춰주는 선생님 _ 203

지도자의 의무 _ 204

생각의 산을 오르다 _ 207

스승을 알아야 나를 알 수 있다 _ 209
이심전심以心傳心 _ 211
평등과 지혜 _ 212
너도 물이 되어라 _ 214
자기의 목을 잘라줄 수 있는 선생님 _ 216
줄탁지기啐啄之機 _ 218
유영모 선생님 _ 222

제5장 몰두

몰두 _ 240
인간은 형이상학적 동물 _ 242
근본경험 _ 243
나는 지금 어디 있는가 _ 246
마음을 가라앉히는 방법 _ 249
참선參禪 _ 251

계정혜戒定慧 _ 254
천하의 도 _ 255

제6장 깨달음

깨달으면 깨끗해진다 _ 258
진리의 세계에는 똑똑하고 바보가 없다 _ 259
깨달아라 _ 260
도는 내 속에 있다 _ 262
지행합일 _ 263
실천이성 _ 264
진리의 샘물 _ 266
겸손 _ 267
절대적인 사랑 _ 268
성숙한 인생 _ 270
흐르는 시간과 흐르지 않는 시간 _ 274

생각을 봐야 끝이 난다 _ 275
각의 세계 _ 277
기복신앙 _ 279
나는 영원한 존재 _ 280
집 짓는 길 _ 282

제7장 통일지

분별을 넘어서 _ 286
전체로 믿자 _ 287
마음을 다하라 _ 288
도의 전체를 보라 _ 289
중심지허中心之虛 _ 290
통일지는 사랑이다 _ 291
직관지直觀知 _ 292
명백사달明白四達 _ 293

철학은 통일지다 _ 294

무지無知 _ 295

통일지의 사死 _ 296

통일지로 사는 것 _ 298

철학의 부족 _ 299

눈을 뜨는 것 _ 300

지혜 _ 301

분별지는 도의 방해물이다 _ 302

분별지의 해는 한없이 크다 _ 304

마음으로 보는 세계 _ 306

관문觀門 _ 308

촛불을 꺼라 _ 309

제8장 실상의 세계

끝을 낸 사람 _ 314

행行과 믿음은 둘이 아니다 _ 315

십자가를 질 때 깨닫게 된다 _ 317

세상에 봄이 오면 _ 319

손가락 하나 _ 321

깬 정신 _ 323

산꼭대기에 서야 한다 _ 325

길 _ 327

끊어진 시간 _ 328

자기에게 대들다 _ 331

도일설倒一說 _ 334

어떻게 자유를 얻을 것인가 _ 342

진실로 철든 사람이 아니면 _ 343

빛 · 힘 · 숨 _ 344

인생에는 죽음이 없다 _ 346

하나님과 나는 하나다 _ 349

사랑의 차원 _ 350

천국은 인식의 문제다 _ 351

죽어서 사는 사람들 _ 352

에필로그: 관념의 세계에서 실존의 세계로 _ 354

엮고 나서 _ 362

출전 목록 _ 366

일러두기

1. 이 책의 제목 '심재心齋'는 『장자莊子』〈인간세人間世〉편에 나오는 말이다.
2. 이 책은 현재鉉齋 김흥호金興浩 선생의 기독교 성경을 비롯한 동서양의 경전 및 고전 강의록과 저술들에서 '생각', '심재', '깨달음' 등과 관련된 글들을 뽑아 모은 것이다.
3. 발췌된 인용문들은 이 책의 편집방향에 맞추어 평서문 어미로 통일하였다.

제1장 생각

생각은 정신적인 호흡

선생께서 말씀하였다.
"생각을 어떻게 끊어버릴 수가 있겠는가.
생각을 바로잡는 것뿐이다."
앞서 말한, 욕심을 빼버린다는 말도
결국 욕심을 바로잡는다, 라고 생각하면 되겠다.

구천이 말하였다.
"그러면 생각이 끊어질 때란 없는 것입니까?"
선생께서 대답하셨다.
"생각이란 끊어질 때가 없는 것이다."

九川問, 近年因厭泛濫之學, 每要靜坐求屏息念慮, 非惟不能, 愈覺擾擾, 如何?

先生曰, 念如何可息? 只是要正.

曰, 當自由無念時否?

先生曰, 實無無念時.

무념시無念時는 없다. 생각이란 숨 쉬는 것과 같아서 사람이 숨을 쉴 동안은 생각도 계속되는 것이다. 죽기까지 생각은 끊어질 수 없다. 나도 여러 번 죽을 뻔했지만 내일이면 죽는다고 하는 순간까지도 생각은 계속 나오는 것이지, 생각이 끊어질 때는 없었다. 그래서 인간은 생각하는 동물이란 말을 한다.

생각은 정신적인 호흡이다. 이 생각이라는 것은 바로잡는 것이지 없게 할 수는 없다.[1]

『양명학 공부』 3권 508~09쪽

---

1. '생각'이라는 낱말의 뜻은 『표준국어대사전』에 의하면 다음과 같다.
   (1) 사람이 머리를 써서 사물을 헤아리고 판단하는 작용.
   (2) 어떤 사람이나 일 따위에 대한 기억.
   (3) 어떤 일을 하고 싶어 하거나 관심을 가짐. 또는 그런 일.
   (4) 어떤 일을 하려고 마음을 먹음. 또는 그런 마음.
   (5) 앞으로 일어날 일에 대하여 상상해 봄. 또는 그런 상상.
   (6) 어떤 일에 대한 의견이나 느낌을 가짐. 또는 그 의견이나 느낌.
   (7) 어떤 사람이나 일에 대하여 성의를 보이거나 정성을 기울임. 또는 그런 일.
   (8) 사리를 분별함. 또는 그런 일.

생각

생각生覺이란,
각覺이 나온다는 말인데,
각覺이란 본다는 뜻이다.
그러니까 무엇을 보게 되기까지
생각해나가는 것이다.[1]

『빛 힘 숨: 십자가 부활 승천』 2권 41쪽

---

1. 생각의 고어는 '싱각'이다. 한자어가 아니고 우리말이다. 생각을 한자어 생각生覺으로 쓰는 일은 취음取音으로 별 뜻이 없이 일반적으로 쓰인 것이라 한다.(국립국어원) 김흥호 선생이 "생각生覺이란 각覺이 생生하는 것"이라 하는 것은 선생 개인이 내린 풀이다.

깨달음이 나온다

지계持戒[1]란 정견正見, 정사正思[2]이다. 바로 생각하고, 바로 본다는 뜻이다. 자꾸 생각하면 보는 경지에 이른다. 그것을 견성見性이라고 한다. '생각'이란 말에서, '생生'은 나온다는 뜻이고, '각覺'은 깨닫는다는 뜻이다. 그러니까 생각이란 깨달음이 나온다는 뜻이다. 깨달음이란 보는 것이다. 플라톤의 이데아와 같다. 생각을 계속하면 보는 경지에 이르게 된다. 누군가를 그리워하다가 그 사람을 만나게 되는 것과 같다. 이것은 다른 말로 정법안장正法眼藏이다. 정법안장이란 진리가 눈동자 속에 들어있다는 뜻으로 진리를 보게 되었다는 말이다

『주역 강해』 1권 84쪽

---

1. 지계持戒: 불교용어. 『반야경』에서 설법하는 보시布施 · 지계持戒 · 인욕忍辱 · 정진精進 · 선정禪定 · 지혜智慧의 6바라밀六波羅蜜의 하나이다.
2. 정견正見 · 성사正思는 불교의 팔정도八正道의 앞부분이다. 팔정도의 순서는 다음과 같다.
   1) 정견正見: 바르게 보기; 2) 정사유正思惟 · 정사正思: 바르게 생각하기; 3) 정어正語: 바르게 말하기; 4) 정업正業: 바르게 행동하기; 5) 정명正命: 바르게 생활하기; 6) 정정진正精進 · 정근正勤: 바르게 정진하기; 7) 정념正念: 바르게 깨어 있기; 8) 정정正定: 바르게 삼매(집중)하기 (위키백과)

진리와 도道

생각한다고 할 때는 진리라 하고,
계속한다고 할 때는 도道라 한다.
그래서 진리를 생각하고,
도를 행하는 것이
세상에서 가장 중요한 일이다.

『빛 힘 숨: 십자가 부활 승천』 4권 267쪽

생각하는 것을 배웠다

또 하나는, 생각하는 것을 배웠다고 할 수 있다.
이 생각한다는 것이 사람에게는 소중한 것으로
사람은 생각한다는 것이 사는 것이지,
생각하지 않으면 사는 것이 아니다, 라는 것을
유영모 선생님[1]을 통해서 확실하게 배웠다.

『빛 힘 숨: 십자가 부활 승천』 1권 180쪽

---

1. 유영모(柳永模, 1890~1981): 현재鉉齋 김흥호의 스승. 김흥호는 1948년 봄 일식이 있던 날, 처음 다석多夕 유영모 선생의 강의를 듣고 1, 2, 3이 무엇인가를 질문한다. 그는 다석 선생의 답변을 들으며 깊은 인상을 받는다. 그 후 6년간 스승의 가르침에 몰두하여, 1954년 3월 17일 오전 9시 5분 깨달음을 얻는다. 현재鉉齋는 다석 선생이 그때 내려준 김흥호의 호로서 '계시啓示'라는 뜻이다.

생각하러 온 사람

유영모 자기는 생각하러 왔지
말하러 온 사람이 아니라 했다.
그래서 마지막에는 일체 말하지 않고
한 10년을 그냥 지낸 적도 있다.
그런 의미에서 유영모는 하나의 법신法身[1]이다.
생각하러 온 사람이지
말하러 온 사람이 아니라는 것이다.
자기는 일도 안 하고,
말도 안 하고,
생각하러 왔다는 것이다.
그것이 유영모의 특징이다.　　　　　『화엄경 강해』 1권 134쪽

---

1. 법신法身: 법신은 산스크리트어 다르마카야(Dharmakāya)의 번역어다. 진리의 몸, 실재의 몸이다. 진리 그 자체로서, 영원불변의 진실한 모습을 법신이라 한다. 법신불法身佛을 비로자나 부처라고도 한다. 부처는 법신法身·보신報身·응신應身 또는 화신化身의 3가지 몸을 가지고 있다.

숨 쉬는 육체와 말하는 정신

사람은 숨 쉬는 육체와 말하는 정신을 함께 타고났다.
숨은 고루 쉬어야 하고, 말은 바로 해야 한다.
숨을 바로 쉬면 사람의 정기가 맑아지고,
피가 잘 돌아가면 피돌의 불이 붙어 붉은 피가 꽃을 피우고,
생각을 바로 하면 이치가 밝아지고 글도 알게 되어,
마음에 피는 올이 참 열매를 맺게 될 것이다.

월간 『사색』 7호 〈봄바람이 영원히 불어간다〉

각일覺日

정신은 깨는 것이고
육체는 낳는 것이다.
그래서 이것은 생일生日이 아니라
각일覺日이다.

『화엄경 강해』 1권 128쪽

하늘땅을 본받음

하늘과 땅이 생긴 후
사람의 생각도 하늘땅을 본받은 것이다.
그리하여 모든 사람이 개성을 완성하고
모든 존재가 하나가 된다.
이것이 종교와 철학의 핵심이다.

『주역 강해』 3권 60쪽

제소리

생각하면 생각할수록 생각은 깊고 밝아진다.
깊게 생각하면 사물의 본질을 꿰뚫게 마련이고
사물의 본질을 꿰뚫으면 으레 보이는 것이 있게 마련이다.
생각은 보이게 될 때 완전히 인식된 것이다.
이런 인식의 체험 없이는 제소리가 나오질 않는다.
제소리란 내가 나를 보았을 때 나오는 소리요,
내가 나를 알았을 때 말하는 소리다.
자기가 자기를 보지도 못하고 자기가 자기를 알지도 못하고
하는 소리는 제소리가 아니다.
그것은 아무리 말해도 남의 소리요,
남의 말을 전해가는 것뿐이다.
내가 나를 보면 나에게서 창조적인 말이 나온다.
그것이 제소리다.

월간 『사색』 128호 〈제소리〉

대장부의 길

성性은 산 마음이요, 생각하는 바탈[1]이다.
생각은 하늘의 길이요, 생각하는 것은 사람의 길이다.
생각해서 되지 않는 것은 아무것도 없다.
천하를 내 집으로 삼고, 세상을 안방으로 삼아 생각해간다.
뜻을 얻으면 백성들과 같이 가고, 뜻을 못 얻으면 혼자 간다.
부귀도 더럽힐 수가 없고, 빈천도 흔들 수 없고,
위무威武도 굽힐 수 없게 되어야
이러한 사람을 대장부라고 할 수 있다.

월간 『사색』 27호 〈맹자〉

---

1. 바탈: 김흥호 선생은 인간의 근본, 혹은 바탕으로서의 성性을 한글로 '바탈'이라 했다.

깊이 생각하고 높이 앉은 사람

그립다.
집을 떠나 머리를 숙인 사람,
깊이 생각하고 높이 앉은 사람,
산은 푸르고 강물은 맑다.
집을 떠나 한데 앉아 산처럼 푸르르고,
머리 숙여 깊은 생각에 흐르는 물은 한없이 맑다.
나는 생각한다. 고로 나는 있다.
흐르는 시냇물처럼 생각하고 푸른 산처럼 솟아있다.
산이 높아 물은 흐르고, 물이 흘러 산은 빛난다.
존재에서 생각이 나오고, 생각에서 존재는 높아진다.
무욕에서 무지가 나오고, 무지에서 무욕이 빛난다.
존재와 인식은 푸른 산과 맑은 시내라고 할 수 있다.
푸른 산 속에 맑은 시내가 흐르고,
맑은 물위에 푸른 산이 비친다.

하나님 안에 내가 있고, 내 안에 하나님이 있다.
하나님을 사랑하고, 이웃을 사랑함은
산을 즐기고 물을 즐기는 것과 마찬가지다.
높은 하늘에 청산이 드러나고,
기름진 말이 강변에서 풀을 뜯는다.
하늘은 끝없이 높고, 말은 힘차게 뛴다.
하늘을 나는 말이요, 말을 빛내는 하늘이다.

월간『사색』24호 〈가을〉

내가 있기 때문에 생각한다

존재의 특징은 생각이다. 정신은 물질과는 다르다. 물질은 생각할 수 없다. 허무도 생각할 수 없다. 정신은 물질도 아니고 허무도 아닌 존재이다. 정신의 특징은 생각하는 것이다. 그러나 생각이 정신의 전부는 아니다. '나는 생각한다. 고로 나는 있다'라는 말은 내가 생각하기 때문에 내가 있다는 말은 아니다. 내가 있기 때문에 생각한다는 말이다.

나의 존재, 나의 자각, 이것은 생각에서 나오는 것은 아니다. 나의 자각은 생각을 초월했을 때 나온다. 나의 생각이 끊어졌을 때 나의 자각은 이루어지게 마련이다. 일단 나의 자각이 이루어지면 그때에는 생각과 실천이 통일이 된다. 다시 말하면 순수오성과 순수의지가 일치하는 것이다. 동양식으로는 지행일치知行一致라고 한다. 깨달으면 지행일치다. 지행일치, 이것이 '나는 생각한다. 고로 나는 있다'이다.

월간 『사색』 29호 〈방법서설〉

노자는 어떤 상징을 봤을까

　노자 14장은 인생관을 말한다. 관觀은 소위 꿰뚫어본다는 거다. 주역에는 궁리窮理 진성盡性 지명知命, 이렇게 되어있다. 자꾸 궁리해서 이렇게도 생각해보고, 저렇게도 생각해보고, 자꾸 궁리하다가 나중에 생각이 끝이 나면, 생生, 각覺, 각을 얻게 된다. 그것을 우리가 깨달았다 한다. 그러니까 궁리하고 또 궁리한다. 궁리한다는 말은 생각하고, 생각하고, 또 생각한다는 말이다.

　철학이나 종교에서는 어떤 형상形象으로 그걸 나타낸다. 그게 어떤 상으로 나타났다 할 때 그걸 관상觀想이라 한다. 관상이라 할 때 '코끼리 상象' 자로도 쓴다. 코끼리로 나타낸다, 어떤 형상으로 나타낸다, 말하자면 어떤 상징으로 나타낸다는 말이다.

　그래서 이 14장을 '인생관'이라 할 때 노자는 어떤 상징을 봤을까? 우리는 오늘 그것을 생각해가야 되겠다.

『노자·노자익 강해』 3권 41~5쪽

명상瞑想과 관상觀想

보현[1]은 부처님의 힘을 받았다.
언제나 힘을 받아야 한다.
부처님의 정신적인 힘을 받는 것이다.
'신神'이라 할 때는 신비하다는 그런 뜻보다는
정신이라는 뜻이다.
부처님의 힘을 받아서 깊은 생각 속으로 들어갔다.
생각을 보통 명상瞑想(meditation)이라 한다.
명상이 한 단 더 올라가면 관상觀想(contemplation)이다.
관상이 되어야 깨어나는 것이다.

『화엄경 강해』 1권 152쪽

---

1. 보현普賢 보살은 부처님의 제자다.

기도

기도의 단계로 말하면
기원(invocation),
묵상, 혹은 명상(meditation),
관상(contemplation),
그리고 합일(union)이다.

『법화경 강해』 49쪽

깬다는 것과 깨끗하다는 것

부처님의 털구멍 하나하나 속에서 생각의 빛이,
생각이 구름처럼 나온다.
머리로만 생각하는 것이 아니라
전신全身으로 생각한다는 말이다.
그래서 그 빛이 온 세계로 퍼져간다.
각자 그릇에 따라서 받는 만큼
또한 깨달음도 있을 것이다.
진리를 깨달으면, 진리를 깨닫는 것뿐만 아니다.
사람이 깨끗해진다.
그래서 깬다는 것과 깨끗하다는 것은
언제나 통하는 것이다.

『화엄경 강해』 1권 146쪽

생각하는 사람이 되자

어두운 하늘에서 수많은 별빛이 새어나온다.
얼어붙은 대지 위에 겨울의 흰 눈이 반짝이고 있다.
하늘의 별이 반짝이고, 대지의 눈이 반짝일 때
우리의 생각도 반짝이면
하늘의 은하수, 땅의 은하수,
사람의 은하수가 빛나게 되지 않을까.
새해는 생각으로부터 시작하자.
과거 앞에 절하는 사람이 되지 말고,
미래를 내다보며 생각하는 사람이 되자.
산 자를 죽은 자 가운데서 찾는 사람이 되지 말고,
산 자를 산 자 가운데서 찾는 사람이 되자.
하나님은 죽은 자의 하나님이 아니고,
산 자의 하나님이 되시기 때문이다.

월간 『사색』 27호 〈파랑새〉

내가 사는 곳

　언제나 깊이 생각하는 곳이 내가 사는 곳이다. 어디나 생각하는 곳이 내가 사는 곳이다. 산다는 것이 무엇인가. 결국 생각하는 것이 사는 것이다. 물론 과학 하는 사람은 연구하는 곳이 사는 곳이다. 음악 하는 사람은 음악 하는 데가 사는 곳이고, 철학 하는 사람은 생각하는 곳이 사는 곳이다. 무엇이나 자기의 소질을 길러가는 데 거기가 자기 사는 곳이다. 생각이 끊어진 데는 사는 곳이 아니다. 그래서 '인법忍法' 진리를 깨닫고, '성만成滿' 부처가 되는 것이다. 어떻게 부처가 되는가 하면 결국 생각하는 데서 부처가 된다.
　생각하고 생각하다가 더 생각할 것이 없으면 깨닫는 것이다. 생각이다. 생각하고 생각하다가 각覺이 나온다. 생각하고 생각하다가 더 생각할 것이 없으면 그다음은 각覺이다. 그러니까 제일 중요한 것이 생각하는 것이다. 이것이 말하자면 철학의 세계, 이성의 세계다.

『화엄경 강해』 3권 106쪽

생각이란 자유로운 것이다

생각이란 자유로운 것이다.
아무리 생각해도 어디 걸리는 데가 없다.
사람은 다른 자유는 없어도 생각할 자유는 있다.
내가 생각해서 라디오를 발명했다거나,
내가 생각해서 기차를 발명했다거나,
그런 것을 누가 뭐라 하겠는가.
사람에게 과학·철학·종교·예술, 이것만은 자유다.
맹자도 이 네 가지는 자유라 했다.
맹자는 우리 마음대로 할 수 있는 것은 성性이요,
마음대로 할 수 없는 것은 명命이라 했다.
맹자는 이렇게 갈라놓았는데
하여튼 생각하는 것만은 자유다.
과학도 자유요, 철학도 자유요,
종교도 자유요, 예술도 자유다.
자유가 없으면 그것은 종교도 아니고, 철학도 아니고,
예술도 아니고, 과학도 아니고, 아무것도 아니다.

『화엄경 강해』 3권 16쪽

생각의 자료

언제나 가까이 붙잡고 있어야 한다.
모든 성경은 이렇게 불가원不可遠이다.
멀리 내쫓으면 안 된다.
언제나 가까이 두고
무슨 생각이 나면 곧 성경을 펼쳐보고
내가 생각을 해야 한다.
역易이나 성경이나 모두 생각의 자료들이다.
우리는 이런 자료 없이는 생각이 안 된다.
생각하기 위해서는
반드시 이런 자료를 가지고 생각해야 한다.
그래서 성경이 중요하다.

『주역 강해』 3권 216쪽

변變, 불변不變, 간이簡易

우리가 공부한다는 것이 무엇인가?
나 자신을 변하게 하는 것이 공부다.
공부하지 않으면 나 자신이 변하지 않는다.
그래서 자꾸 공부한다, 생각한다, 하는 것은
나 자신을 변화시키기 위해서 그러는 것이다.
내가 이 세상에서 살고 있지만 조금 더 있으면
하늘나라에 가서 산다 하는 것도 변하기 위함이다.
지금은 육체로 살지만 조금 더 있으면
영체靈體로 살 수 있다.
이것도 자꾸 변하는 것을 말한다.
그래서 변變이라는 것이 모든 만물의 기초가 된다.
이것은 불교에서도 말하지만
유교에서도 마찬가지로, 특히 주역에서 강조하는 점이다.
그래서 언제나 시중時中이다.

유교의 진리는 언제나 시중이다.
언제나 때를 맞추는 것이다.
겨울이면 겨울에 맞추고, 여름이면 여름에 맞춘다.
우리가 진리라고 하면 자꾸 불변하는 것만 생각하기 쉽지만
그것이 아니고 변화하는 속에 그 변變과 맞아가는 것이
진리라고 생각할 줄 알아야 한다.
그러니까 언제나 세 가지를 알아야 된다.
변하는 것도 알아야 하고,
불변하는 것도 알아야 하고,
간이簡易라는 것도 알아야 한다.
제행무상諸行無常은 변變이라는 것이다.
제법무아諸法無我는 불변不變이다.
열반적정涅槃寂靜은 간이簡易다.
우리가 화엄경의 구조와 주역의 구조를 잠깐 비교해보았는데
그 구조가 꼭 같다.
변變, 불변不變, 간이簡易, 또는 정正, 반反, 합合이라는
변증법이다.
유변소적唯變所適이다.
우리도 자꾸 변해가는 것이다.

『주역 강해』3권 220~21쪽

하늘의 시민

　인간이 평등하다고 하는데 무엇이 평등한가. 생각한다고 하는 것이 평등하다. 사람은 누구나 다 생각하는 소질을 가지고 있다. 사람은 누구나 불성佛性을 가지고 있다는 말이다. 그래서 생각할 줄 알면 땅에 속한 사람이 되지 않고 하늘에 속한 사람이 된다. 해탈解脫이다.

　빌립보서 3장 20절에 우리는 모두 하늘의 시민이라 했다. 우리는 하늘의 시민권을 가진 사람들이다. 살기는 이 세상에서 살지만 속하기는 하늘에 속해 있다는 말이다. 그러니까 시민권을 가졌다는 말은 별다른 것이 아니라 생각한다는 말이다. 자꾸 생각하게 되면 해탈을 하게 된다.

　우리는 이 땅에 붙어사는 나무가 아니라 사람이다. 땅에 붙으면 나무가 되고 만다. 하늘에 속하면 사람이 된다. 하늘에 속하는 것을 우리는 해탈解脫이라 한다.

『화엄경 강해』 3권 15~6쪽

자기 본성의 발견

　자기의 본성本性을 발견한다는 것이 상당히 어렵다. 내 본성이 무엇인가. 오성悟性, 이성理性, 감성感性, 영성靈性, 이 네 가지를 알아야 한다. 실험 관찰 연구하는 것은 오성이고, 생각한다 하는 것은 이성이고, 그림을 그린다는 것은 감성이고, 종교를 믿는다는 것은 영성이다. 이것은 누구에게나 다 있다. 자기에게 있는 그 본성을 찾아내는 것이다.

　맹자는 성性이란 누구나 찾으면 가질 수 있는 것이고, 명命이란 누구나 가질 수 있는 것이 아니라 했다. 오래 사는 것은 누구나 다 되는 것은 아니다. 오래 살고 싶다고 해서 누구나 다 되는 것이 아니다. 그런 것을 명命이라 한다.

　그런데 성性이란 누구나 다 된다. 생각한다는 것은 누구나 할 수 있지, 생각 못하는 사람은 없다. 그래서 진성盡性이다. 자기의 소질을 다하는 것이다.

『화엄경 강해』 3권 101쪽

정의입신精義入神

정의입신精義入神 이치용야以致用也.
깊이 생각해서 신통의 세계로 들어가는 것은
널리 사랑하기 위함이다.
사람은 반드시 깊이 들어가서 연구하는
그런 때가 있어야 한다.
정의입신精義入神이다.
모든 것의 뜻, 이유, 법칙을 깊이 파고드는 것이
정의精義라는 말이다.
정精은 벼를 찧어서 흰쌀을 만드는 정미精米라는 뜻이다.
우리가 자꾸 생각하고 연구해서 진리를 탐구하고
진리를 깨닫게 되는 것을 정의라고 하는 것이다.
그리고 보통 힘이 아니라
정말 놀라운 힘을 가지게 되는 것이 입신入神이다.
신神은 힘이라는 뜻이다.

기독교에서는 하나님을 '엘'이라고 하는데
그 뜻은 힘이라는 것이다.
"엘리 엘리 라마 사박다니"는
"힘이여, 힘이여, 어찌하여 나를 버리시나이까" 하는 말이다.
정의입신精義入神,
정말 깊이 연구해서 굉장한 실력가가 되는 것이다.
그것을 가지고 모든 사람을 구원하는 것이다.
그 힘을 가지고 돈을 벌자는 것이 아니다.
사람을 구원하자는 것이다.
이치용야以致用也다.
왕양명은 치양지致良知라고 한다.
양지良知를 치致해서 사람들을 살려주자는 것이다.

『주역 강해』3권 183~84쪽

생각을 바로 하면

생각을 잘못해서 눈이 멀게 되었고
눈이 멀었기 때문에 고통에 빠지게 되었다.
생각을 바로하면 눈을 뜨게 되고
눈을 뜨게 되면 고통에도 빠지지 않는다.

『화엄경 강해』 3권 122쪽

시숙時熟

우리가 깊이 생각을 하고 한 주일을 살면
한 주일이 서너 달처럼 길어진다.
그런데 아무것도 안 하고 놀면 그저 휙 지나가고 만다.
그런 이야기를 자주 하는데
깊이 생각한다는 것이 무엇인가 하면 출생사出生死다.
시간이 가지 않는 것이다. 무無가 되고 만다는 것이다.
그러나 아무것도 안 하고 놀면 휙 사라지고 만다.
그러니까 한 주일을 깊이 생각하면서 살면
내가 무가 되는 것이고,
아무것도 안 하고 그냥 살면 휙 지나니까 무제한이 된다.
우리는 세월이 빠르다는 그런 생각을
안 하고 살게 되어야 한다.
오히려 '정말 세월이 한없이 길다' 그래야 한다.
어린애의 시간이 그럴 것이다.

어린애의 시간은 하루 종일 놀아도 아직도 시간이 안 간다.
자기 생일이 사흘 남았다 하면 그 사흘은 한없이 길다.
그것이 어린애의 시간이다.
어린애의 시간이란 사차원의 시간으로
가지 않는 시간이다.
그런데 우리는 어느새 이 시간을 잊어먹고
무한히 빠른 삼차원의 시간에서만 산다.
우리가 구원받는다고 하는 것을, 요새 철학에서는
삼차원이 아니라 사차원의 세계에서 사는 것이라 한다.
하이데거의 말로 하면 시숙時熟의 세계이다.
시간이 무르익은 것이다.
시간이 무르익어서 열매가 이제는 다 떨어지게 되었다.
시간이 없어지는 세계다.
이런 세계가 결국 무의 세계다.
이것을 기독교로 말하면 소위 영원한 세계이다.
그렇게 우리가 생각해도 된다.
제일 중요한 것이 무엇인가 하면 하나라는 것이다.
내 우주선의 속도가 광속과 같아져야 된다는 것이다.
깊이 생각해야 된다는 말이다.
깊이 생각해서 내 생각이 하나님의 생각과 맞먹어야 한다.

『주역 강해』 3권 407~08쪽

생각엔 거짓이 없어야 하고, 말은 빈 게 없어야 한다.

진덕進德 사무불성思無不誠, 수사修辭 언무불실言無不實.
덕을 높이고 높여서 생각마다 참되지 않음이 없고,
말씀을 고르고 골라 말씀마다 헛된 것이 없다.
진덕進德, 사람이 자꾸 발전한다는 말이다.
사思, 생각을 깊이 해야 하고,
생각을 깊이하면 생각엔 언제나 무불성無不誠,
거짓이 없어야 한다.
또 남을 가르치는 데는 제일 중요한 것이 '말'이다.
수사修辭, 말을 골라야 한다. 아무 말이나 자꾸 하면 안 된다.
우리가 여기에 써 놓은 것이 다 무엇인가?
말을 골라서 지금 써 놓은 것이다. 수사다.
그런데 언무불실言無不實, 말은 빈 게 없어야 한다.
쭉정이가 없어야 된다.
빈말만 텅텅하면 안 된다는 거다.

『구약전서 강해』 제17강(미출간)

사색思索

지명誌名을 사색思索이라고 정한 것은
나라를 생각하고(사思)
자기를 찾자(색索)라는 뜻에서이다.
나의 참여 없이 이 나라는 실현될 수 없기 때문이다.
우리는 문화 없는 나라를 생각할 수가 없다.
문화는 생각에서 나오고, 나는 생각의 주체일진데
나 없이 어찌 나라가 설 수 있으리오.

월간 『사색』 1호 〈오늘〉

나라가 없으면 철학이 없다

　철학이라고 하는 건 나라가 있어야 나온다. 나라가 없으면 철학이 없다. 지금 미국은 강대한 나라가 됐으니까 미국에서도 철학이 나온다. 프래그머티즘이라는 철학이 나온다. 영국에서도 철학이 나왔다. 경험론이라는 철학. 그리고 독일에도 철학이 있다. 독일 철학, 칸트니 하는. 불란서 철학도 있다.

　나라가 강하고 커야 철학이 되지 나라가 없으면 철학이 없다. 나라가 없으면 '나'라고 하는 게 없으니까. 플라톤의 말이다. '나'를 확대하면 '나라'가 되고, '나라'를 축소하면 '나'가 된다.

　그런데 '나'라고 하는 건 뭔가? '나는 생각한다. 고로 나는 있다' 이거다. 그러니까 '나라'가 있는 '나'라야 생각이 되지 나라가 없는 나는, 이건 생각을 못한다. 생각할 필요도 없다. 노예니까 그냥 때리면 맞고, 생각을 못한다. 그런데 나라가 있는 백성 같으면 이거 어떻게 다스려야 되나, 어떻게 살아야 되나, 자꾸 생각하게 된다. 나라가 있어야 철학이 있지 나라가 없으면 철학이 없다.

중국 그러면 나라가 있으니까 중국철학이 있다. 인도도 마찬가지다.

그런데 한국 철학? 없다. 우린 나라가 없으니까. 고구려 때는 철학이 있었다. 철학이라는 말이 언제 있었나? 고구려 때 있었다. 고구려 때 철학이라는 말이 있고는 그 후엔 없어지고 말았다. 고려 때는 의학義學이라 했다. 옳을 의義 자. 의학이 뭔가 그러면 우파니샤드인데, 우파니샤드를 오의학奧義學, 이렇게 번역을 했다. 우파니샤드는 인도철학이다. 고려 때는 불교철학이다. 우리 철학이 아니다. 조선조에 오면 또 뭔가? 성리학性理學이다. 성리학은 주자의 성리학이다. 이건 주자 철학이지, 우리 철학이 아니다. 고려 때는 불교철학, 조선조는 유교철학. 그러니까 중국철학, 인도철학, 이걸 가지고 살았지, 우리 철학은 없었다. 글자도 우리는 세종대왕이 되어서야 있지, 그전엔 글자도 없었다.

'나라'도 없고, '나'도 없었다. 나도 없는데 생각이 어디 있겠는가. 그러니까 철학이 없는 거다. 우리도 이제부터 철학을 해야 한다. 지금 '유영모 선생이 처음으로 한국철학을 시작했다'라고 한다.

한국철학은 언제 시작됐나 하면, 유영모가 시작했다. 지금 우리 한국은 이제부터 우리 철학이다. 이제부터 우리 철학이면 대학에서도 한국철학과가 생기게 된다. 지금은 서양철학과, 중국철학과, 이런 거만 있지 한국철학과라는 게 없다. 한국철학과가 없다는 건, 나라가 없다는 얘기고, 나라가 없다는 건 내가 없단 얘기다. 내가 없단 얘기는 우리에게는 사람이 없다는 얘기다.

 이렇게 되니까 철학이 있다고 하는 게 보통 중요한 게 아니다. 미국인들은 철학을 가지고 있다 그러면, 미국인들은 사람이다 이 소리다. 영국인들도 철학을 가지고 있다. 독일인들도 철학을 가지고 있다. 그런데 한국 사람은 철학이 없다. 그러니까 지금까지 일본 사람에게 짓밟히고, 중국 사람에게 짓밟히고, 소위 노예로 지금까지 살아온 거다. 노예에게 무슨 철학이 있겠는가. 철학이라는 거는 나라를 만들어 이상 국가를 세우자, 이런 게 있어야 철학이 되지, 그렇지 않으면 철학이 안 된다.

『구약전서 강해』 제13강(미출간)

물은 멎으면 물이 아니다

정신은 날씨가 바뀌듯이 날마다 새로워진다.
새로운 생각, 더 좋은 생각,
더 참된 생각이 계속 강물처럼 흘러내린다.
어마어마한 문명과 어마어마한 문화가
계속 흘러내리고 있다.
창조적 지성의 창조적 생각이 하루라도 그치면
문화는 시들고 문명은 타락한다.
생각은 한순간이라도 멎을 수 없다.
물은 멎으면 물이 아니다.
물은 무극無極이기 때문이다.

월간 『사색』 136호 〈낚싯줄〉

태초에 생각이 있었다

비로자나는 생각을 주로 한다. 생각하는 사람, 그가 비로자나이다. 불교에서는 이 세상에서의 일생, 그것을 전부라고 보지 않는다. 전생이 있고, 전생의 전생이 또 있다. 그래서 수없이 많은 전생에서부터 생각해온 것이라 한다. 사실 그렇다. 인류의 문화라고 하는 건 수없이 많은 옛날부터 생각해온 것이다. 그렇게 쭉 생각해오다가 지금 와서도 또 생각하고, 앞으로도 또 생각해가는 것이지, 갑자기 내가 오늘부터 생각하는 것이 아니다.

내가 스무 살부터 생각했다고 하지만 사실은 그 전에 수없이 많은 철학자들이 계속 생각해온 것을 내가 받아서 생각하는 것이지, 내가 시작하는 것이 아니다. 더구나 인도 사람들은 3천 년 아니 5천 년 전부터 계속 생각해온 것이다. 5천 년만이 아니다. 몇 만 년 전부터 생각해온 것이다. 그래서 그것이 자꾸 뭉치고 뭉치고 해서 『베다』도 되고, 『우파니샤드』도 되고, 『바가바드기타』도 되고, 불경도 된 것이다. 다 그렇게 된 것이다.

그다음에 또 더 생각해서 용수의 『중론中論』도 나오고, 원효의 『대승기신론소大乘起信論疏』도 나온 것이다. 자꾸 그렇게 가는 것이다.

생각이라는 것은 이렇게 "왕석지시往昔之時", 언제부터인지 모르는 옛날부터 내려오는 것이다. 기독교에서는 태초에 말씀이 있었다고 한다. 언제부터인지 모르는 태초라는 것이다. 그것이 "왕석지시"다. 옛날부터다. 몇 천 년인지, 몇 억 년인지 모르는 그 옛날부터 생각해온 것이다. 그리고 생각만 하는 것이 아니다. 보살행菩薩行, 실천도 하는 것이다.

『화엄경 강해』 1권 64~5쪽

철학은 이치를 밝히는 것

철학哲學이란 용어는 요즈음에 와서 쓰이는 말이다. 철학이란 말이 사용된 지는 100여 년에 불과한데 옛날에는 철학이란 말 대신에 여러 가지 다른 말이 있었다. 조선시대에는 성리학性理學이라 했다. 중국 사람들은 이학理學, 또는 도학道學이라 했고, 고려 때는 의학義學이라 했다.

고려시대에 의학이라고 한 이유는 그 당시 유행한 인도의 우파니샤드를 오의학奧義學이라 번역했기 때문이다. 깊은 뜻이 있는 학문이라 해서 오의학奧義學이라 했다.

고구려 때는 철학矗學이라 했는데 입(口)을 흙(土)속에 묻어두라는 것을 세 번 겹쳐서 만든 글자가 '철矗'이다. 말하지 말고 생각하라는 것이다. 생각하고 깊이 생각해서 이치를 알아가지고 그 이치와 같이 살면 행복하다는 것이다. 이치를 알고 살아야 행복하지, 모르고 살면 불행하다.

이와 같은 뜻을 가진 철학은 시대에 따라서 철학, 의학, 도학,

성리학 등등 그 말이 달라진다. 그렇지만 이치를 찾는다는 데서는 같다.

역易이란 글자도 마찬가지다. 역이란 일日과 월月이 합친 글자로 명明이란 글자와 마찬가지인데 이치를 밝히자는 것이다. 이치를 밝히기 위해 생각하는 것이 철학이다. 생각한다는 것은 추리한다는 것인데, 자꾸 추리해서 이치를 체계화해가는 것이다. 가닥가닥 떨어져있는 것들을 자꾸 추리해가면 연결이 된다. 마치 탐정소설에서 하나의 돌발적인 사건들이 자꾸 추리해가면 모두 연결되어 그 인과관계가 드러나는 것과 같다.

『주역 강해』 3권 14~5쪽

철학개론

철학이라고 하니까 꼭 무슨 책을 읽어야만 하는 것처럼 생각하지만 그런 것이 아니다. 유명한 독일의 철학자 임마누엘 칸트는, 철학은 배우는 것이 아니라 생각하는 것이라고 하였다.

생각은 인간의 자연현상이라고 하겠다. 사람은 누구나 어떤 현실에 부딪히게 되면 생각을 안 할 수가 없다. 결혼 문제에 부딪히면 이성이라는 것이 무엇이냐 하고 생각하게 되고, 군대에 가게 되면 국가가 무엇이냐 하고 생각하게 되고, 죽음에 부딪히면 인생은 무엇이냐 하고 생각하게 된다.

사실 세상에는 생각할 것이 너무나 많아 마치 거리에 차가 밀려 오도 가도 못하게 되는 것처럼 사람은 너무 많은 생각 때문에 도리어 고민하게 되고 절망하게 되어, 그냥 있다가는 어디서 어떤 충돌을 일으켜 쓰러져 죽을지 모르는 위험상태에까지 떨어지게 된다. 이때 필요한 것이 교통순경이다. 손을 펴기도 하고, 들기도 하고, 손을 돌리기도 하여 가라고도 하고, 서라고도 하고,

돌라고도 한다.

　이것을 우리는 교통정리라고 하지만 철학도 마찬가지다. 철학의 내용이 너무 많아서 좀 정리하는 것, 이것을 철학개론哲學槪論이라고 한다. 교통정리에도 세 가지가 있지만 철학개론에도 세 가지가 있다.

　가라는 인식론認識論,

　서라는 형이상학形而上學,

　돌아가라는 윤리학倫理學,

　이 세 가지 형태로 모든 철학을 정리해보는 것을 철학개론이라고 한다.

월간 『사색』 3호 〈철학개론〉

철든 사람

즉 말하지 말고 생각하라는 뜻이다. 집안에서도 말썽이 나면 안 된다. 말썽이란, 말이 성盛해지는 것이다. 말썽이 없어야 길吉하다. 철학이란 인간을 행복하게 하자는 것이다.[1] 생각을 통해 합리화하고 체계화해서 입장을 가지게 하는 것이다. 입장을 가지면 힘을 얻게 되고 자유롭게 된다. 세상에서 가장 행복한 것은 자유다. 철학이 없으면 인간은 행복할 수가 없다. 합리화하고 체계화해서 결국은 입장을 가져야 행복할 수 있다. 그래서 길吉하다, 행복하다 하는 것은 철학과 연결된다. 철학이란 생각하면서 산다는 말이다.

칸트는 "철학이란 배우는 것이 아니라 생각하는 것이다"라고 말했다. 배우는 것은 과거의 지식을 축적하는 것이지 오늘을 사는 것이 아니다. 철학이란 오늘을 생각하는 것이다. 그래서 생각하는 사람은 누구나 철인哲人이다. 철인이란 철든 사람이다. 철든

---

[1] 길할 '길吉' 자가 두 개 합쳐진 '철喆', 세 개 합쳐진 '철嚞', 오늘날 쓰는 철학哲學의 '철哲', 세 '철'이 모두 밝을 '철' 자이다.

사람이란 생각해서 합리화하고 체계화해서 입장을 갖고 살아가는 사람이다. 부처라는 말도 철든 사람이란 말과 같다.

『주역 강해』1권 79쪽

죽음에의 준비

사람은 죽음에의 존재라고 한다.
사람은 죽는다는 것을 확실히 알고서
거기에 대한 대비를 하는 그것이 종교요, 그것이 철학이다.
소크라테스는 철학이란 죽음에의 준비라고 했다.
혹은 죽음의 연습이 철학이다.
우리는 죽는다는 사실을 잊으려고 하고,
생각을 안 하려고 하고,
그렇게 죽음을 회피하고자 하는데,
사람은 이 죽음에 대해서 가장 많이 생각해야 한다.
철학이 무엇인가 하면 죽음을 생각하는 것이다.
죽음이라는 것을 확실히 알고
죽음이 가까이 오고 있다는 것을 알아야 한다.

『주역 강해』 3권 102쪽

천명지위성天命之謂性

여래如來, 우리가 어디서 왔나 하면 하늘에서 왔다.
나무는 땅에서 왔지만 사람은 하늘에서 왔다.
중용中庸에서 말하는 천명지위성天命之謂性이다.
하늘에서 온 증거가 무엇인가.
우리가 생각한다는 것이다.
사람은 떡으로만 사는 것이 아니라 말씀으로 산다는 것이다.
우리가 땅에서 온 것이 아니라 하늘에서 왔기 때문이다.
우리가 여기 온 이유는 무엇인가.
우리는 떡을 먹기 위해서 온 것이 아니라
말씀을 생각해보기 위해서 온 것이다.
나는 생각한다. 고로 나는 있다.
내 존재이유가 어디 있는가 하면 생각하는 데 있다.
살았다는 것은 생각한다는 것이다.
밥 먹는 것이 아니라 생각하는 것이 산 것이다.

천명天命이다. 하늘에서 온 것이다.
하늘에서 왔다는 것이
살았다는 것이요 생명이란 것이다.
살았다는 증거는 무엇인가.
천명지위성天命之謂性이다.
성性이란 마음 심心 변에 날 생生이다.
정신적으로 산다는 말이다.
정신적으로 산다는 말은 생각한다는 말이다.
생각하는 민족은 산 민족이요,
생각하지 못하는 민족은 죽은 민족이다.
하늘에서 왔다는 말은
무엇이 하늘에서 떨어졌다는 그런 것이 아니라
생각한다는 말이다.
우리가 하늘에서 왔기에 생각하는 것이지
땅에서 왔다면 생각할 필요가 없다.
그건 먹기만 하면 된다.
그러나 하늘에서 왔다는 말은
결국 우리가 생각한다는 말이다.

『화엄경 강해』3권 14~5쪽

발전이 곧 제자리다

능변여상能變如常을 옛날식으로 말하자면
생성生成과 존재다.
계속 생성해야 존재가 되지,
생성이 없으면 존재가 될 수 없다.
데카르트는 이것을
"나는 생각한다. 고로 나는 있다"라고 표현했다.
'나는 생각한다'는 것이 생성이요,
'나는 있다'는 것이 존재다.
'나'는 생각해야 있고, 발전해야 있다.
발전이 없으면 이 세상에서 그만 떨어져나가고 만다.
발전해야 계속 붙어있을 수 있다.
그래서 뇌풍항雷風恒이다.
바람도 움직이고 우뢰도 움직인다.
이렇게 계속 움직여야 한다.

계속 발전해야 한다.
계속 생각해야 한다.
계속 연구해야 한다.
계속 올라가야 한다.
그래야 존재다.
그래야 제자리를 지킬 수 있다.
그래서 발전이 곧 제자리다.
생성이 곧 존재다.
생각이 곧 존재다. 『주역 강해』2권 33~4쪽

생각하지 않는 것이 걱정이다

도道에 대해서
사람들이 구하지 않는 것, 그것이 걱정이다.
구하지 않는 것, 생각하지 않는 것이 걱정이다.
생각해야 되는데 생각하지 않는다.
교회에 와서도 설교할 때는 다 졸고 앉아있다.
졸고 앉았다 설교 끝나면 냉큼 일어나 간다.
언제 생각할 새가 있겠는가.
교회 와서 제일 중요한 건 생각하는 연습을 하는 거다.
그건 무슨 말일까? 왜 그럴까?
생각하는 것이 제일 중요한 건데 생각하지 않는다.
구즉득지의求則得之矣, 생각하면 깨달을 텐데,
생각하질 않는다.

『노자 · 노자익』 7권 87쪽

생각은 자기반성이다

생은 과거에 있는 것도 아니고
미래에 있는 것도 아니다.
현재에 있다.
생의 현재를 찾는 것이 생각이다.
생각은 자기반성이다.
생각처럼 중요한 것은 없다.

『인물중심의 철학사(합리론 편)』〈파스칼〉 282쪽

진리는 태도다

아이가 어른이 될 필요도 없고,
개가 사람이 될 필요도 없다.
자기 현실에 자기 이상을 맞추는 것뿐이다.
자기 안에서 살면 그것이 안심安心이요,
자기 안에서 가면 그것이 입명立命이다.
요는 오만이 없어야 한다.
못나고도 잘난 체, 모르면서도 아는 체,
여기에 문제가 있다.
못났으면 못난 대로 살고,
모르면 모른다고 하면 그만이다.
알면 안다고 하고, 모르면 모른다고 하는 것이
지혜요, 진리다.
진리는 아는 것이 아니라 정직한 것이다.
간디는 진리가 무엇이냐고 묻는 젊은이의 물음에,

거짓말하지 않는 것이라고 대답했다고 한다.
진리는 아는 내용이 아니라 인간의 태도이다.
진리는 태도요, 생명도 태도요, 길도 태도다.
인간의 태도, 인간됨, 그것이 진리다.
진리는 아는 것이 아니라 되는 것이다.
된 사람, 그것이 진리다.
그렇기 때문에 진리는 보는 것이요 보이는 것이지,
듣는 것이 아니요 아는 것이 아니다.
아무리 그것이 그것이라고 가르쳐주어도
그 사람이 그 사람 되지 못하면
그것은 울리는 꽹과리 이외에 아무것도 아니다.
그것이 그것이라는 것은 듣는 세계가 아니다.
보는 세계이다.
사람은 보면 안다.
그 사람이 사람인지, 강아지인지 보면 안다.
사람에게는 언제나 사람다움이 있다.
사람다운 사람, 그것이 그것이다.

월간 『사색』 81호 〈벽암록〉

필연적이고 보편적인 진리

정등각正等覺이다.
'정正'은 필연적이라는 것이고,
'등等'은 보편적이라는 것이다.
필연적이고 보편적인 진리라는 말도 되고,
또는 필연적이고 보편적인 진리를 깨달았다 해도 된다.
한마디로 진리를 깨달았다는 것인데,
진리란 어디서나 진리라야 하고,
누구에게나 진리라야 하고,
언제나 진리라야 한다.
그런 것을 필연적이요 보편적이라 한다.

『화엄경 강해』 2권 459쪽

내 속에도 진리가 있다

인간은 진리를 찾고, 진리를 실천하는 속에
큰 변화를 가져오게 된다.
진리를 모르고 살 때와 진리를 알고 살 때는 크게 다르다.
진리를 실천하지 않고 사는 것과 진리를 실천하며 사는 것은
전혀 다른 세계가 된다.
그래서 사람은 큰 변화를 느끼게 된다.
이것이 컨버젼(conversion)이다.
큰 변화를 느끼는 것, 나라고 하는 것도
그냥 보통 있는 것이 아니라
신에게 속해 있는 하나의 태극임을 알게 되는 것이다.
"내 속에도 진리가 있구나. 내 속에도 신비가 있구나"
하는 것을 알게 된다.
불교로 말하자면 나도 부처라는 것을 알게 된다.

『주역 강해』 3권 88쪽

인의仁義의 길

'전이顚頤'란 자기보다 못한 사람, 불쌍한 사람들을 돌봐줘야 하는데 오히려 이들로부터 빼앗아먹는 것을 말한다. 약자들을 착취하는 것이다. 이런 것은 정상적인 도리가 아니다. 불경拂經이다. 약자들을 착취할 뿐만 아니라 위에 올라가서 뇌물을 바치고 아부한다. 그것은 흉凶이다. 세상에는 이런 사람들이 많이 있다. 자기보다 못한 사람은 어떻게든 갈취하고 자기보다 힘 있는 사람에게는 어떻게든 아부해서 한 자리 얻어 볼까 한다.

약한 사람에 대해서는 어질게 하고, 자기보다 강한 사람에 대해서는 의롭게 해야 한다. 언제나 인의仁義의 길을 가야 한다. 그런데 약한 사람을 착취하고, 강한 사람에게 가서는 바치고 아부해서 부귀를 탐하는 것은 흉하다.

육이六二도 또한 모도불모식謀道不謀食을 말하는 것이다. 육삼六三도 또한 마찬가지다. 모두 먹는 문제를 말한다. 정신적인 양식을 생각해야지 물질적인 양식을 구해서는 안된다는 것이다.

『주역 강해』 1권 471~72쪽

자기의 자기됨

인간은 왜 이렇게 저 잘난 맛을 잃어버렸을까.
인간이 자기의 자기됨을 포기했기 때문이다.
자기의 자기됨이란 무엇인가.
그것은 인간은 생각하는 존재라는 것이다.
인간은 생각을 통하여 다시금 금강석보다도
더 강한 이성을 발견해야 하고,
원자력보다도 더 위대한 정신력을 찾아내야 한다.
인간은 이성과 정신력을 가질 때에만 살맛을 느낄 것이다.

월간 『사색』 4호 〈사람은 누구나 저 잘난 맛에 산다〉

말이 많고 걱정이 많은 것

율곡은 말이 많고 걱정이 많은 것처럼
사람에게 해로운 것은 없다고 했다.
말이 많다는 것은 생각이 부족한 탓이요,
걱정이 많다는 것은 믿음이 부족한 탓이다.
생각의 부족은 철학의 부족이요,
믿음의 부족은 종교의 부족이다.
생각이 있는 곳에는 언제나 지혜가 빛나고,
믿음이 있는 곳에는 어디나 사랑이 넘친다.
지혜의 빛과 사랑의 힘이 넘치는 곳,
그곳이 하늘나라다.

월간 『사색』 77호 〈청천백일〉

교만이라는 병

인간은 인간과 더불어 인간이 되는 법이다.
생각이라는 것은
인간을 내면적으로 깨우쳐주는 데 큰 역할을 하지만
자칫하면 자기라는 껍질 속에 가두어져
자기만이 제일이라고 하여 무서운 교만 속에 빠지게 되는
큰 위험성이 있다.
이것이 학문하는 사람이 공통적으로 걸리기 쉬운 병이리라.
이것은 인격의 병이요,
인간오성의 병이다.　　　　　　　　월간 『사색』 8호 〈인간학〉

거룩한 영의 도움

어떤 문제에 대해 오랫동안 생각하면서 밤늦게까지 그 생각 속에 깊이 빠져 들었다가 잠이 들어 아침에 깨게 되면 그 문제가 풀리는 경우가 많다. 꼭 누가 내 곁에 와서 가르쳐주는 것과 같은 느낌을 자주 갖게 된다. 특히 새벽시간에 전날 계속 생각해오던 문제들이 누가 옆에서 가르쳐주는 것처럼 분명하게 해결되는 경우가 많다.

이런 것을 느낄 때, "아, 이것이 바로 성령께서 역사하시는 것이구나"라고 생각하지 않을 수가 없다. 어떤 거룩한 영께서 나를 도와주는 것이 확실하다는 생각이 들게 되는 것이다.

『빛 힘 숨: 십자가 부활 승천』 1권 180~81쪽

보이지 않는 힘

아까 진리와 성령으로 다시 태어난다고 했는데
성령이란 '말을 생각하는 것이다'라고 바꿔도 좋다.
그러니까 '진리의 글을 읽고 생각을 깊이 함으로써
거듭 날 수 있다'라고 본 것이다.
자꾸 생각을 해나가다 보면 무엇인가 성령이라고 할까
하여튼 보이지 않는 힘이 나를 도와주는 것 같은
느낌을 갖게 된다.

『빛 힘 숨: 십자가 부활 승천』 1권 180쪽

마음 바다 · 몸 산

정신은 글 위에 뛰어 오르고
생각은 말씀 속에 날개를 편다.
말씀은 존재의 집이라고 하지만
글은 정신의 바다라고 해도 좋다.
집이라고 하건, 바다라고 하건
내 삶의 터요, 근거임에 틀림이 없다.
바다를 글로 만들고, 육체를 정신으로 만들어
글 속에 정신을 뛰게 하면
하나님 나라가 가까운 데 있다는 성경의 말씀이
살아 움직일지도 모른다.
피라미드 속에 미라를 집어넣는 고대인으로부터
말씀 속에 존재를 집어넣는 현대인에 이르기까지
피서하는 방법도 가지가지로,
고난을 넘어서는 재치도 더욱 묘하다.

바다에 가는 것도 좋지만 바다가 오는 것도 좋다.

바다가 올 것도 없다.

내 마음이 곧 바다요, 산에 갈 것도 없다.

내 몸이 곧 산이다.

마음 바다에 생명은 뛰고, 몸 산에 진리는 빛난다.

몸은 위대한 이성이요, 마음은 심오한 신비다.

몸은 정신보다 더 큰 이성이요,

마음은 우주보다 더 큰 신비다.

월간『사색』22호 〈바다로 가는 것도 좋고 바다가 오는 것도 좋다〉

생각 없는 직관

산은 무거워 모든 만물의 힘이 될 수 있고,
물은 고요하여 모든 만물을 비출 수가 있다.
성인의 말은 산같이 무거워 한번 입에서 떨어지면
만인이 그 말을 믿을 수 있게 되고,
성인의 마음은 가라앉은 호수처럼 온 세상이
그 그림자를 그 위에 비추게 한다.
성인의 말과 성인의 마음은 모든 사람이
그의 말을 움직일 수가 없고,
모든 만물이 그의 마음을 흔들 수가 없어
더욱 산같이 무겁고 물같이 고요하다.
종일 걸어도 먹을 것을 실은 무거운 짐차를 떨어뜨리지 않고,
종일 걸어도 길가의 아름다운 경치에 마음이 흔들림 없는
군인이야말로 백 번 이길 수가 있다.
무거운 짐차와 흔들리지 않는 마음을 가진 군인들만이

언제나 승리의 기쁨을 가지는 것처럼
말의 무게와 마음의 평정을 가진 사람만이
온 천하를 다스리는 임금이 될 수 있다.
말이 가벼우면 몸이 가볍고 마음은 흐려 백성도 흩어진다.
온 천하의 책임 있는 임금 된 사람으로서
어찌 그 말을 가볍게 하여 그 몸을 잃고,
그 생각을 흐리게 하여
백성들의 마음을 놓칠 수가 있으랴.
말이 가벼운즉 자기를 잃고,
마음이 흔들리면 나라를 잃으니,
말은 산같이 무겁고, 맘은 물같이 고요하여
나와 나라를 바로잡음이 성인의 가는 길이 아닐까.
말은 태산같이 무겁고, 마음은 시냇물처럼 맑다.
말이 없어 침묵은 뇌성 같고
생각은 비어 사물의 그림을 꿰뚫어보면
생각 없는 직관은 거룩을 이루리.

월간 『사색』 26호 〈노자 제26장〉

사람은 하늘의 아들

생각은 한없이 깊어서 모든 이치에 통해야 하고,
마음은 한없이 넓어서 모든 사람을 다 품어야 하고,
지성은 한없이 날카로워 모든 얽힘을
한 칼에 잘라버려야 하고,
사람은 언제나 빛처럼 날카로운 마음씨를 부드럽게 하여
먼지 묻은 동포와 같이 살아야 한다.
마음이 가라앉아 맑게 고이면 호수처럼
그 위에 무엇이 비치게 된다.
내 그 그림자를 알 수 없으나 물 위의 구름처럼
하나님의 얼굴이 그려진 것 아닐까.
사람은 하늘의 아들이기에.
태초에 마음이 있으니 마음이 하나님과 같이 계시매
마음이 곧 하나님이라.

월간 『사색』 4호 〈노자 제4장〉

제2장 번뇌

정精

생각한다 그럴 때, 언제나 피를 먹어야 생각하지, 피를 먹지 않으면 생각을 못한다. 동양 사람들은 피라는 말 대신 정精이라는 말을 많이 쓴다. 정신精神이라는 정 자, 정精을 먹어야 신神이 되지, 정精을 먹지 않으면 신이 되지 않는다. 그러니까 철학을 하려면 결혼하면 안 된다. 왜? 결혼하지 않아야 정精이 생각으로 가지, 그렇지 않으면 생각으로 안 가기 때문이다.

카프카 같은 사람도 '결혼할까 말까, 결혼할까 말까' 그러고 얼마나 고민했는지 모른다. 몇 번씩 약혼도 했다. 약혼도 했지만 끝내 파혼하고 말았다. 왜? 철학을 놓을 수 없었기 때문이다. 결혼하면 철학을 놓아야 하는데 철학을 놓을 수가 없다. 동양 사람도 언제나 먹는 문제와 남녀 문제를 자꾸 초월하라고 한다. 왜 그런가 하면 종교와 철학은 먹는 문제와 남녀 문제를 해결 안 하면 되지 않기 때문이다.

키르케고르도 약혼까지 했었다. 자기가 그렇게 좋아하는 여자를 결혼하겠다고 쫓아다녔다. 결국 그 여자가, 그래 좋다 약혼하자 그래서 약혼을 했다. 약혼하고 얼마나 고민했는지 모른다. 철학인가 결혼인가, 철학인가 결혼인가 그러고. 그렇게 고민하다, 고민하다 그만 파혼하고 말았다. 그래서 키르케고르도 결국 혼자 살았다.

칸트는 어떤가? 칸트도 약혼을 했던 사람이다. 칸트도 『순수이성비판』을 쓰고서 결혼하겠다고 했다. 『순수이성비판』을 22살 때부터 썼는데, 그게 57살에 끝났다. 그러니까 중간에 약혼하고 기다리던 여자는 57살까지 기다릴 수가 없으니까 28살인가에 시집가고 말았다. 그래서 칸트는 끝내 결혼하지 못했다.

왜 그런가 하니, 결혼하면 철학이 안 되기 때문이다. 생각이 깊어지질 않는다. 예수도 결혼 안 했으니까 생각이 깊다. 석가도 나중에 부처 된 다음에는 자기 아내를 제자로 삼았다. 그건 다 마찬가지다. 칸트도 그렇고, 헤겔도 그렇고, 데카르트도 그렇고, 스피노자도 그렇고, 다 독신이다. 독신 아니면 철학이 되질 않으니까 말이다. 결혼을 했다 해도 남녀문제를 초월해야지 그렇지 않으면 안 된다. 간디도 38세에 결혼을 초월한다. 자기 아내와 누나처럼 살지, 자기 아내로 살지는 않았다. 철학을 해보고, 종교를 해보면 이게 다 사실이다.

기독교의 '내 살은 먹을 것이요, 내 피는 마실 것이라'에서 '내 살은 먹을 것이요' 하는 게 종교이고, '내 피는 마실 것이라' 하는 게 철학이다. 철학 없이 종교가 있을 수 없다. 생각해야 말하지, 생각 안 하고 어떻게 말하겠는가. 생각하려면 반드시 피를 먹어야 된다. 말하려면 반드시 살을 먹어야 된다. 내 살과 내 피를 안 먹으면 생각도 안 되고, 말도 안 된다. 생각이 안 되면 말씀이 없어지는 거고, 말이 안 되면 전도가 없어지는 거다. 그렇게 되면 교회도 없어지고 마는 거다.

『구약전서 강해』 제13강(미출간)

사死랑浪

성리학자 정이천程伊川은 이것을 벼농사에 비유했다. 농사지어 수확한 벼의 일부는 다시 뿌려야 할 종자로 남기고 나머지는 사람이 먹는다. 벼라는 식물이 자기 종족을 유지하기 위해서는 약간의 종자가 필요하다. 그 나머지는 모두 자기보다 더 높은 차원에게 바쳐져야 한다. 이와 마찬가지로 사람도 자기의 정精을 아주 일부만 종자로서 생식을 위해 쓰고 그 나머지는 모두 사람보다 더 높은 신神을 위해서 바쳐야 한다. 이것이 정이천의 생각이다.

정精이란 언제나 신神을 위해서 써야지, 정精을 그냥 하수구에 버려서는 안 된다. 곡식은 땅에 떨어져 종자가 되든지, 사람에게 밥이 되어 바쳐지든지 해야 한다. 하수구에 그냥 버리면 안 된다. 이치는 아주 간단한 것인데 이 이치를 아는 사람이 거의 없다.

정精이 빠져나가는 것은 곧 기氣가 빠지는 것이요, 신이 빠져

나가는 것이다. 그런데 이 말을 알아듣는 사람이 거의 없다. 그래서 동요棟橈, 들보가 휜다. 정이란 집으로 말하면 들보다. 사람으로 말하자면 등허리가 휘는 것이다. 그래서 옛날에는 색을 탐하는 사람을 두고 등골 빼먹는 자라 했다. 등골 빼먹는 줄도 모르고, 등골 빼어 먹히는 줄도 모르고, 서로 사랑한다 하면서 달려 붙는다. 이런 사랑을 죽을 사死와 낭비한다는 랑浪 자로 생각해 볼 수도 있다.

　기독교에서는 하도 '사랑, 사랑' 하니까 이것을 느끼기 어려운데 불교에서는 사랑이 만악萬惡의 근본이라 했다. 그래서 갈애渴愛라고 한다. 목이 타서 사랑한다는 말이다. 갈애란 성욕을 말하는 것이다. 등골을 빼먹는 것은 죽어야 끝나지, 죽기 전에는 끝이 없다. 등골이 빠져 죽고 마는 것을 "동요棟橈 본말약야本末弱也"라고 한 것이다. 입을 제대로 간수하지 못하고, 문을 제대로 닫지 못해서 그만 약해지고 만다는 것이다. 이 문제를 해결하는 길이 무엇인가.

『주역 강해』 1권 482쪽

성욕性慾이 아닌 성리性理로

    성리性理에 겸손하고 성리性理에 기뻐하여 성욕이라는 낮은 세계를 극복하고, 성리性理라는 높은 세계로 나아가야 한다. 동물적인 삶으로부터 인간적인 삶, 문화적인 삶, 정신적인 삶으로 올라가야 한다. 그래야 남녀문제가 해결되지 그렇지 않으면 해결할 수 없다. 남자가 아무리 한 번 해결해보고자 해도, 또는 여자가 아무리 해결해보고자 해도 해결되지 않는다. 좀 더 높은 세계를 두 사람이 갖게 되어야 한다. 그렇지 않으면 해결할 수 없다. 더 높은 세계를 겸손하게 그리고 기쁘게 갖게 돼야 해결이 된다. 이렇게 되어야 정말 사람이 된다. 그래야 정말 크게 성공하게 된다.

『주역 강해』 1권 483쪽

욕慾

　위의 문과 아래 문이라 할 수도 있다. 대들보가 휘는 것은 이것들이 약해서 그렇다. 입을 잘 지키지 못해서 모든 병이 들어가고, 아래 문을 잘 지키지 못해서 모든 죽음이 나온다. 먹는 문제는 병病과 연결되고, 남녀문제는 죽음과 연결된다. 먹는 문제를 해결하자는 것이 철학이요, 남녀문제를 해결하자는 것이 종교다. 이 세상의 가장 큰 문제가 먹는 문제요, 남녀문제다. 본말本末이 약하다는 것은 먹는 문제와 남녀문제에 대해서 약하다는 말이다. 사람이 먹는 문제와 남녀문제 앞에서 힘을 쓰지 못하고 꼼짝하지 못하는 이유는 식욕食慾과 성욕性慾 때문이다. 욕慾이란 골짜기 곡谷 자와 비어있다는 흠欠이 합해진 글자로 모두 비어있어 무저항 상태를 나타낸다. 밑 빠진 독 같은 것이다. 그래서 아무리 먹어도 끝이 없고, 아무리 남녀가 만나도 끝이 없다. 그것을 욕慾이라 한다.

『주역 강해』 1권 478~79쪽

금식

채식이라 하면, 제일 인상 깊은 것이 마하트마 간디의 자서전에 나온다. 간디가 변호사 공부하러 영국에 갔다. 영국에서 법률공부를 해서 변호사가 되는 데 3년 걸렸다. 떠날 때 간디 어머니가 간디에게 세 가지를 부탁했다. 너는 가면 절대 술을 마시면 안 된다. 두 번째, 너는 절대 여자를 만나면 안 된다. 세 번째, 너는 절대 고기를 먹으면 안 된다. 이 세 가지였다. 간디의 어머니가 어떤 종교에 속했는지 잘 모르지만 간디는 어머니의 부탁을 일생 실천했다. 3년만 그렇게 한 것이 아니고 일생을 지켰다.

간디만 채식한 게 아니라 그의 부인도 채식을 했다. 부인이 무슨 병에 걸려서 아팠는데 의사가 와서, 너무 기운이 없으니 고기국물을 좀 먹여야겠다, 그렇게 고기국물을 먹이라고 간디에게 자꾸 부탁을 했다. 그러나 간디는 듣지 않았다. 그러면서도 아내에게 먹을 테면 먹어라 했다. 그 아내도 '난 죽어도 안 먹겠다' 해서 결국은 안 먹었다. 간디는 결국 아내를 퇴원시켜서, 여기로 말하면 아마 한약이겠지, 한약을 써서 죽지 않고 살아나게 한다.

그리고 간디 아들이 또 다 죽게 됐는데, 또 의사가 고기국을 먹이라고 권유했다. 그래도 안 먹였다. 그렇게 자신도 고기를 안 먹고, 간디 부인도 안 먹이고 그랬는데, 정말 죽었으면 큰일 날 뻔 했다. 다행히 간디가 무슨 한방으로 어떻게 해가지고 살리게 된 것이다. 마지막까지 간디는 계속 이렇게 채식으로 일생을 갔다.

채식도 금식 가운데 한 종류다. 결국 채식했다는 말이나, 금식했다는 말이나 거의 같은 뜻으로 쓰이는데, 하여튼 금식한다는 거, 이것이 종교의 핵심이다.

『구약전서 강해』 제25강(미출간)

타락

사람이 그저 먹을 것이나 생각하고 놀 것이나 생각하는 것은 '곡지牿之'가 되어 그렇다. 자기 속에 있는 인간성을 제거해버리는 것이 곡지다. 풀이 자랄 때 순을 잘라버리는 것을 곡지라고 한다. 자기 속에 있는 인간이 발육하지 못하게 하는 것을 말한다. 어려서부터 깡패나 쫓아다니고 거지들과 어울려 다니는 것을 곡지라고 한다. 성경에 나오는 탕자 같은 살림이다. 자꾸 그런 살림을 하다보면 생각이라는 것이 점차 없어지고 만다.

인간의 본질은 생각이다. 희랍 사람들에 의하면 우리는 본래 하늘에서 살다가 이 땅에 떨어졌기 때문에 우리는 하늘을 생각하게 된다고 한다. 언제나 이상을 추구하는 것이다. 인간의 본질은 하늘로 올라가려고 히는 것이다. 그런데 이 올라가려고 하는 인간의 본질이 끊어지고 아래로 떨어지기만 하면 이른바 타락하는 것이다. 그렇게 되면 생각이라는 것을 통 못하게 된다. 야기夜

氣 부족이다.[1] 생각이 없어지면 짐승이나 다를 것이 무엇이 있겠는가. 어떻게 보면 짐승만도 못하게 된다.

『주역 강해』 2권 419쪽

---

1. 야기夜氣는 밤부터 동트기 전 새벽의 청명한 기운을 말한다.
1) 平旦清明之氣. 自入夜至於平旦, 因人未與外界事物接觸, 故而產生清明純淨之氣, 此時良知最易呈現.(『萌典』)
2) 梏之反覆, 則其夜氣不足以存; 夜氣不足以存, 則其違禽獸不遠矣.(『孟子』〈告子 上〉)

말

입으로 들어가는 것은 음식이요, 나오는 것은 말씀이다. 예수가 "들어가는 것은 문제가 안 되는데 나오는 것이 언제나 문제다"라고 했다. 입으로 들어가는 것이 사람을 더럽게 하는 것이 아니라 마음에서 나오는 것들이 언제나 문제다(막 7:21).

공자도 『주역』의 「계사상繫辭上」에서 말의 중요성에 대해 이렇게 말했다. "언행言行 군자지추기君子之樞機 추기지발樞機之發 영욕지주야榮辱之主也." 말 한마디 잘못하면 얼마나 혼나고 망신인지 모른다. 정말 말처럼 하기 힘든 것도 없다. 그러니 말하는 것을 아주 조심해야 한다.

그리고 음식에 대해서는 욕심이 붙지 않아야 한다. 음식을 잘 절제해서 바로 먹어야 한다. 바로 먹고 바로 말하자는 것이다. 팔정도八正道에도 바로 생각하고, 바로 말하라고 한다. 사람이 입을 가지고 먹는 일만 한다면 별일 아닌데 말을 하기 때문에 중요한 것이다. 옛날 속담에도 "입만 벌리면 속이 다 들여다보인다"

는 말이 있다. 말 한마디 들어보면 그 사람이 어떤 사람인지 다 드러난다는 말이다. 글이 곧 사람이란 말도 있지만 글보다도 더 중요한 것이 말이다. 말 한마디 들어보면 그 사람의 지식이 어느 정도인지, 인격의 수양이 어느 정도인지 다 알 수 있다. 왜냐하면 말이 곧 그 사람의 표현이기 때문이다. 그 사람 인격의 표현이요, 정신의 표현이요, 지식의 표현이요, 수양의 표현이다. 입을 한 번 연다고 하는 일이 정말 보통 일이 아니다. 그래서 말하는 것을 조심해야 한다(신언어愼言語). 먹는 것을 조심해야 한다(절음식節飮食).

『주역 강해』 1권 467~68쪽

때

　먹는 것도 때가 중요하고, 기르는 것도 때가 중요하다. 먹을 때 먹어야지 아무 때나 먹어서는 안 된다. 먹는 것과 때는 떼려야 뗄 수 없다. 그래서 '끼 때'라 한다. 또 때가 와야 배가 고프지 때가 안 오면 배가 고프지 않다. 이렇게 먹는 것과 시간과는 아주 관계가 깊다. 그래서 먹는 것과 시간을 관련시키는 철학들이 많이 있다.

　시간철학이 곧 먹는 철학이다. 천주교에서는 미사 드리는 일이 곧 먹는 일이다. 동양에서는 제사지내는 것이다. 유영모 선생의 『제소리』에 보면 '밥'이라는 글이 있는데 밥이란 제사지내는 것이라고 했다. 밥 먹는 일이 제사지내는 것이다. 밥 먹는 일이 예배 보는 것이다. 제사지내는 것은 때를 맞추는 것이다.

　석가는 일중식日中食이라 했다. 정오正午[1]에 밥을 먹는 것이다.

---

1. 정오正午: 낮 열두 시. 곧 태양이 표준 자오선을 지나는 순간을 말한다. 자오선子午線이란 천구天球의 두 극과 천정天頂을 지나 적도와 수직으로 만나는 큰 원이다. 시각의 기준이 된다.

그래서 점심이라 한다. 니체나 카뮈의 사상이 정오의 사상이다. 정오란 불국사에서 볼 수 있는 무영탑無影塔이 상징한다. 무영탑은 그림자가 없는 탑이라 해서 정오를 의미한다. 그림자가 없다는 것은 기독교적으로는 죄가 없다는 말이다. 정오는 태양이 바로 머리 위 꼭대기에 올라온 때이므로 그림자가 생길 수 없다. 이것은 하늘과 내가 하나가 되었다는 말이다. 인도식으로 말하면 범아일여梵我一如다. 중국식으로 말하면 천인합일天人合一이다. 천인합일, 그것이 점심이요, 그것이 제사요, 그것이 예배다.

이렇게 생각할 때 종교란 한마디로 '밥 먹는 것'이라 할 수 있다. 유영모 선생님은 밥 먹는 것이 제사라 하고, 그때의 밥을 '맙'이라 했다. 그 글을 읽어보면 인생이란 무엇인지를 알 수 있다. 먹는 '때'라는 것이 굉장히 중요하다.

『주역 강해』1권 466~67쪽

성性과 명命

부귀富貴란 하나의 명命이다. 우리 마음대로 되는 것이 아니다. 우리 마음대로 되는 것은 성性이다. 성이란 물론 인의예지仁義禮智다. 종교, 철학, 예술, 과학, 이것들은 우리 마음대로 되는 것이다. 그런데 왜 마음대로 되는 성性을 버리고 명命을 찾아가는가. 너의 영특한 힘을 버리고, 사이영구舍爾靈龜, 부귀에 침을 흘리는 것은 흉이다. 관아타이흉觀我朵頤凶, '타'는 침을 흘린다는 뜻이다. 왜 부귀에 미련을 두고 침을 흘리는가. 사람은 도道에 대해서 힘써야 되는데 식食을 위해서 살려고 하면 안 된다. 사람은 떡으로만 사는 것이 아니라 말씀으로 산다는 예수의 말씀보다 더 강한 표현 같다. 말씀으로 살아야지 떡으로 살아서야 되겠는가 하는 말이다. 사람은 정신으로 살아야지 물질로 살아서는 안 된다. 사람이 정신을 버리고 부귀라는 물질에 침을 흘리고 살면 그 사람의 인생은 형편없다.

『주역 강해』 1권 469쪽

번뇌를 해결하는 길

번뇌를 없애는 방법은 생각하는 것이다.
생각이란 진리에 대한 탐구를 말한다.
번뇌를 해결하는 길은 진리를 탐구하는 것밖에 없다.
진리를 탐구하기 시작하면 자꾸자꾸 번뇌가 줄어든다.

『주역 강해』 2권 424쪽

철학을 한다는 것

철학을 한다고 하면서 자꾸 앓게 되면 제대로 철학하는 것이 아니다. 아직도 번뇌에 속해 있는 것이다. 적어도 철학을 한다고 하면 번뇌에서 벗어나 있어야 한다. 그래서 위가 튼튼해지고 오장육부가 튼튼해져야 한다. 물론 나이가 많아지면 몸이 쇠약해지는 것은 어찌할 수 없는 노릇이다. 나이가 들면 몸이 쇠약해져서 죽지만, 죽는다 할 때는 반드시 우리에게 죽지 않는다 하는 것을 가르쳐주어야 한다.

『주역 강해』 2권 425쪽

인생의 목적

인생을 바로 살아가야 하는데 바로 살지 않는다. 목적을 가지고 살아야 되는데 그냥 목적 없이 살아간다. 인생에는 목적이 있어야 한다. 인생의 목적은 무엇인가? 하나님이 인생의 목적이다. 기독교가 우리에게 가르쳐주고자 하는 것이 이것이다. 하나님은 움직이지 않는 것이다. 인생은 모두 움직이는 것이다. 움직여서 하나님께 가는 것이다 지어지선止於至善이다. 이렇게 목적을 가지고 가야 하는데, 목적이 없이 되는 대로 사는 것은 흉凶이란 말이다. 실패한 인생이다. 정貞을 길러가야 되는데 정이 없어지고 말았다. 불拂이란 먼지를 떨어낸다는 뜻인데 없이하는 것이다. 목적이 없어진 것이다. 하나님이 없어진 것이다. 태극이 없어진 것이다. 태양이 없어진 것이다. 모두 마찬가지다. 그렇게 되면 흉이다. 태양이 없어지면 어떻게 살겠는가? 10년 아니라 100년이라도 그것은 흉한 것이다.

『주역 강해』 1권 472쪽

나알알나

늘 내가 말하듯이 '나알알나'이다. 나를 알면 앓다가 낫는다는 뜻이다. 나는 이러한 것을 확신한다. 내가 철학을 공부해보니까 병에서 벗어날 수 있었다. 철학을 하기 전에는 병 속에서 헤매었는데, 이 병이라는 것이 어디에서 나오는가 하면 번뇌에서 나오는 것이다. 걱정 근심이 병이 되는 것이다. 사람이 번뇌에서 벗어나면 병에서 벗어날 수 있다. 자신의 번뇌에서 벗어날 수 있는 정도의 철학을 하면 되는 것이지 더 이상의 철학은 필요가 없을 것이다. 내 번뇌가 무엇인가? 그것만 확실히 잡아서 그 번뇌만 벗어나면 우리의 병도 벗어날 수 있다. 그래서 나는 병에서 벗어나는 것이 철학이라고 생각한다. 그래서 '나알알나'이다. 나를 알면 앓다가 낫게 되는 것이다. 종교도 깊은 믿음을 말하는 것이 아니다. 죽음에 대한 두려움이 가실 정도의 믿음만 가지면 된다.

그래서 오성자족吾性自足이다. 내 속에 내 문제를 해결할 수 있는 능력이 다 있는 것이다. 깊이 생각해보면 자신의 문제를 해결할 수 있는 능력은 누구나 다 갖고 있다는 말이다.

『양명학공부』 3권 465쪽

생로병사

생로병사는 그 이상 당연한 것이 없는데, 생로병사를 피하려는 것은 무슨 까닭일까. 인생이 나서 늙고 병들어 죽는 것이 당연하거늘 늙지도 병들지도 않으려 하고 죽지도 나지도 않으려 한다. 그러나 사람이 생로병사를 면할 길이 있을까. 세상에 생로병사를 면해본 사람이 한 명이라도 있었단 말인가. 그것은 절대로 있을 수 없다. 태어나면 늙고, 늙으면 병나고, 병나면 죽는 것은 해, 달이 돌아가듯이 당연하고 또 당연한 것이다. 마치 차도에 버스도, 짐차도, 택시도, 자가용도 모두 지나가는 것처럼, 생로병사가 지나가는 것은 당연하고 또 당연하다. 이 당연지사를 그대로 당연하게 지나가도록 내버려두어야 한다. 택시나 짐차가 지나가지 못하게 하려고 길에 뛰어드는 어리석은 사람처럼 늙지 않으려고, 죽지 않으려고 잡념을 끼워 넣는 것은 어리석은 일이다. 늙지 않으려고 할 것이 아니라 늙으려고 하고, 죽지 않으려고 할 것이 아니라 죽으려고 하라. 늙음은 늙음에 맡기고, 죽음은 죽음에 맡겨버리고 사람은 사람의 할 일을 해야 한다.

월간 『사색』 92호 〈벽암록〉

자연인으로부터 자유인으로

기독교에서는 죽음을 이긴다는 말을 많이 쓴다. "죽음아, 네 쏘는 것이 어디 있느냐?"라는 말은 죽음을 이긴다는 뜻이다. 불교에서는 죽음이 된다는 말을 많이 한다. 죽음을 피하다가 죽음과 싸우다가 죽음이 되는 것이다.

옛날 묘향산에 살던 서산대사는 "팔십년전거시아八十年前渠是我 팔십년후아시거八十年後我是渠"라는 말을 했다. 어떤 사람이 서산대사에게 말하길, "당신은 산에서 범을 만나면 어떻게 할 것이요?" 했더니 서산대사는 곧 엎드려서 범의 시늉을 하면서 "어흥" 하고 으르렁거렸다고 한다. 이것은 무슨 말인가. 범을 만나면 어떻게 할 것인가 하는 물음은 죽음을 만나면 어떻게 할 것인가 하고 묻는 것이다. 엎드려 범의 시늉을 했다는 것은 죽음을 만나면 내가 죽음이 되면 되지 않느냐 하는 대답이다. 범이 범을 잡아먹겠는가 하는 말이다. 범이 범을 잡아먹을 이치가 없고 오히려 범이 좋아할 것 아닌가. 죽음은 죽음이 되면 되지 않느냐 하는 화두話頭다.

여기서는 새라고 했는데 새가 영원한 생명의 상징이다. 자기 집을 불사르고, 자기가 타고 다니는 소를 잃고 말았다. 집도 필요 없고, 소도 필요 없게 되었다. 심心도 필요 없고, 신身도 필요 없게 되었다. 그것들은 이제 모두 과거의 것이 되었다. 내가 지금 필요한 것은 새요, 새 사람이다. 새로운 생명이요, 영원한 생명이다. 그래서 상구上九는 영생을 말하는 것이다.

사람의 일생을 네 단계로 나누면 맨 처음 철없이 살던 때가 있고, 그다음 철이 들어 이 세상에서 잘 살려고 노력하던 때가 있고, 그다음에는 이 세상이 그만 무너지고 자기가 물질적인 세계에서 벗어나서 정신적인 세계로 가는 때가 있다. 인도에서는 그것을 임서林棲라고 하는데 숲속에 들어가 인의예지仁義禮智로 사는 것이다. 그리고 마지막은 걸식기乞食期라고 하는데 이집 저집 다니면서 그 집의 문제를 해결해주는 때다.

세상이 무너지는 때, 그런 때를 『주역』〈계사전〉에서는 궁리窮理라고 한다. 지사생지설知死生之說, 즉 물질적인 세상이 무너지고 다시 정신적인 세상으로 사는 것이다. 어떻게 하면 죽었다가 다시 살아날 것인가를 생각하는 때다. 그다음은 낙천지명樂天之命이다. 이것을 진성지사盡性之事라고 했다. 인의예지로 사는 것이다. 인의예지를 해서 낙천지명이 되는 것이다. 그래서 생사를 넘어서는 것이다. 그리하여 맨 마지막이 통호주야지도通乎晝夜之道가 된다. 아침에 도를 들으면 저녁에 죽어도 좋다는 그런 세계다.

그래서 지명지사至命之事라 한다. 그러니까 궁리窮理하고 진성盡性하고 지명至命하는 것인데 이것이 주역의 내용이다. 그래서 〈설괘전〉에 "궁리진성窮理盡性 이지어명以至於命"이라는 말이 나온다. 세상이 무너지는 때가 궁리요, 시간과 다시 싸우는 때가 진성이요, 시간을 이기고 시간을 극복했을 때가 지명이다. 이런 세 가지가 주역에서 말하는 인생의 모든 문제를 해결하는 방법이다. 그것이 화산려火山旅라는 괘에 거의 나타나 있는데 왜냐하면 인생을 '나그네'로 보기 때문이다. '자연인'으로부터 '자유인'으로 바뀌는 것, 그것이 인생의 핵심이다. 물질세계에 살던 사람이 정신세계에 살게 되는 것이다. 그래서 결국 새 사람이 되는 것이다. 그렇게 되어야 생로병사를 넘어설 수 있다.

『주역 강해』 2권 428~29쪽

출가

인생은 꿈이라고 한다. 꿈도 좋은 꿈이 아니라 악몽이다. 인생은 화택火宅이라고 하지만 정말 불붙는 집이다. 고민이요, 번민이요, 견딜 수 없는 지옥불이다. 누가 넣은 지옥이냐. 제가 만든 지옥이요 제가 들어간 지옥이다. 얼빠졌다는 말은 지옥에 빠졌다는 말이다. 인간은 언제부터 이렇게 지옥에 빠져버렸을까. 모두 화택이요, 어디나 지옥이다. 얼빠진 곳, 변질된 곳, 모두 부패요 썩은 것뿐이다.

이 세상이란 쓰레기통이다. 어디를 가나 썩은 냄새뿐이다. 불법佛法의 대의가 무엇일까. 불도의 핵심이 무엇일까. 얼을 되찾는 일이다. 빠진 나사를 되찾는 일이다. 전도란 무엇이냐. 얼을 되찾아주는 것이다. 그것이 구원이요, 열반이다.

화택을 면하게 해주는 것이, 불을 꺼주는 것이 구원이다. 어떻게 불을 꺼주나. 어떻게 얼을 다시 찾아주나. 얼을 잃게 된 원인을 찾아주어야 한다. 왜 얼이 빠졌나. 요새는 그것을 정신 분석이라고 한다. 얼빠진 원인을 찾아주는 것이다. 얼빠진 원인이란 별것 아니다. 세상에 얽매인 탓이다. 결국 화택을 떠나는 것이다. 이것을 출가라고 한다. 세상을 떠나는 것이다. 이것이 출세간出世間이다.

세상을 떠난다는 것은 산에 간다는 말도 아니요, 중이 되라는 말도 아니다. 세상과 인연을 끊으라는 말이다. 잠시 동안이라도 좋다. 무념무상의 세계로 들어가는 것이다. 이것이 참선이다. 일체 세상과 인연을 끊어야 한다. 참선을 하든, 기도를 하든 세상과 인연을 끊어야 한다. 참선이니 기도니 하는 것은 결국 세상과 인연을 끊는 일이다.

어떻게 세상과 인연을 끊나. 불교에서 제시하는 방법은 세상과 인연을 끊기 전에 세상에 연결되어 끌려 다니는 마음을 끊으면 된다고 한다. 그러면 마음을 어떻게 끊나. 보이지도 않는 마음을 어떻게 끊나. 마음이 가있는 곳을 끊으면 되지 않느냐. 마음이 술에 가있으면 술을 끊고, 마음이 여자에 가있으면 여자를 끊고, 마음이 지식에 있으면 지식을 끊고, 마음이 명예에 가있으면 명예를 끊는 것이다.

하여튼 무엇이든 마음이 가있는 곳을 끊는 것, 이것이 계戒다. 오계니 십계니 하는 것은 마음이 가있는 곳을 말한다. 돈에 마음이 가있으면 돈 없이 사는 궁리를 하고, 여자에 마음이 가있으면 여자 없이 사는 궁리를 한다. 그리하여 궁리하고 궁리하여 그 원인을 발견해서 그 원인을 끊어버리면 비로소 자기 얼이 되살아난다. 힘이 되살아나고, 정신이 되살아나고, 영혼이 되살아난다. 과학은 힘을 되살리는 법이요, 철학은 정신을 되살리는 법이요, 종교는 얼과 영혼을 되살리는 법이다.

월간 『사색』 70호 〈벽암록〉

진리는 존재의 존재방식이다

　사람이 사물에 집착함은 과거에 빠져 버리는 것이다. 사람은 사물에만 빠지는 것이 아니라 사람에게도 빠져버린다. 친구에게 빠지고, 사랑에 빠지고, 운동에 빠지고, 학문에 빠지고, 종교에 빠진다. 무엇이든지 사람은 상상에 빠지고, 체면에 빠지고, 교만에 빠지고, 거짓에 빠지고, 나중에는 추상적인 진리에까지 빠져 버린다.
　진리는 본래 존재의 양식이지 추상적인 지식이 아니다. 진리는 인간을 자유롭게 하는 것이지 인간의 얼을 뽑는 것이 아니다. 진리는 존재의 존재방식이다.

『인물중심의 철학사(합리론 편)』〈파스칼〉 282쪽

자율·자연·자유

자유와 자연이 얼마나 먼가.
자유가 혜慧요,
자연이 정定이요,
자율自律이 계戒다.
자율에서 자연이 나오고,
자연에서 자유가 나온다.

　　　　　　월간 『사색』 70호 〈벽암록〉

세상에서 제일 나쁜 것이 좋게 보이는 날

이것저것 고르고 뒤지기 시작하면 병신이다. 건강한 사람은 환경環境이 식食이다. 무엇이나 살로 안 가는 것이 없다. 세상을 비판하고 불평하는 사람은 병신이다. 건강을 회복하면 일체가 기쁨이요, 일체가 만족이다. 세상에 기쁘지 않은 것이 없고, 만족치 않은 것이 없다. 그것이 비록 지푸라기요, 된장찌개요, 생로병사라고 할지라도 그것처럼 귀하고 맛있는 것이 없다. 생로병사가 그대로 부처다. 생로병사를 내놓고 부처가 따로 있는 것이 아니다.

아직 된장찌개 맛을 모르고, 꽁보리밥의 영양가를 모르는 사람은 건강한 사람이 아니다. 생로병사란 우리의 일상이요, 그것이 된장과 김치다. 된장과 김치를 사랑하듯이 생로병사를 사랑함이 건강한 정신이다. 번뇌가 싫다지만 알고 보면 번뇌처럼 좋은 것이 어디 있느냐. 세상에서 제일 나쁜 것이 좋게 보이는 날, 그 사람은 눈을 뜬 사람이요 깨달은 사람이다.

월간 『사색』 74호 〈벽암록〉

종교란 건강을 회복하는 일이다

종교란 건강을 회복하는 일이다. 잠자면 건강한 정신이요, 일하면 건강한 육신이다. 죽었다 깨어나 봐야, 건강뿐이지 그 이상 또 무엇이냐. 영생을 얻었다고 해도 건강을 얻은 것이요, 천국을 갔다고 해도 건강을 얻은 것뿐이지, 건강 이외에 또 무엇이 있단 말인가.

도인이란 밤에 자고 낮에 깰 정도로 건강을 회복한 사람들이다. 그들에게는 걱정이 없고 근심이 없다. 건강한 정신에 무슨 걱정이 있고, 건강한 육체에 무슨 근심이 있으랴. 자는 데 걱정이 없고, 깨는 데 근심이 없다.

월간 『사색』 76호 〈벽암록〉

이열치열以熱治熱

평양에서는 엄동에 냉면을 먹고, 서울에서는 삼복에 설렁탕을 먹는다. 사과가 얼면 냉수에 넣고, 날씨가 더우면 뜨거운 차를 마신다. 겨울에는 냉수욕이 몸을 화끈 달게 하고, 여름에는 한증막이 몸을 시원하게 한다. 모두 사실이니 더 설명할 필요는 없다. 뜨거운 것은 뜨거운 것으로 극복해야 한다(이열치열以熱治熱)는 생각은 동서양에 다 있는 듯하다. 죽음을 해결하는 길은 죽는 것뿐이다.

부정의 부정만이 대긍정을 초래한다. 참선이니 고행이니 하는 것이 모두 고苦를 이기는 길임은 말할 것도 없다. 자유를 얻는 방법은 부자유한 자기를 더 부자유하게 하는 것이다. 공부하라는 말이나 수도하라는 말이나 더 부자유한 곳으로 끌어들이는 것이다. 추우면 눈으로 비비고, 더우면 매운탕을 먹어, 더위와 추위를 기氣로 이기는 것이 이열치열의 방법이다. 기에는 춥고 덥고가 없다. 기란 정신적 육체이다. 정신이 육체를 이길 때 기는 한서寒

몸를 이긴다. 물론 한계가 있지만 정신력으로 이기고 살면 별로 문제가 없다. 정신력이라고 해서 기적을 구해서는 안 된다. 상식과 건강을 벗어나서는 안 된다.

인간은 어디까지나 상식 안에서 살아야 한다. 어느 정도 자기를 단련시키면 웬만한 병과 불안은 이길 수 있다. 감기 정도는 안 걸리고도 살 수 있고, 걱정 근심이 없는 정도는 될 수가 있다. 그 정도로 만족하고 너무 욕심을 내면 안 된다.

무정설법無情說法을 눈으로 들을 수 있게는 될 수 있다는 것이다. 무정설법이니, 눈으로 듣는다(관세음觀世音)거니 하면 이상하게 들릴지도 모르나, 사람은 자기가 자기를 알 수 있다는 것뿐이다. 물론 쉽게 되는 것은 아니다. 더울 때 더운 목욕, 추울 때 냉수욕이 쉬운 것은 아니다. 여름에 설렁탕, 겨울에 냉면이 쉬운 것은 아니다. 그러나 못할 것도 없다. 그 정도는 넉넉히 해낼 수 있다. 그 정도의 고행도 없이 어떻게 탈고脫苦를 할 수 있겠는가.

월간『사색』77호 〈벽암록〉

세상에 악마는 나다

세상에 악마는 나다. 내가 있으면 일체가 악이요, 내가 없으면 일체가 선이다. 세상을 괴롭히는 것은 나요, 공해의 원인도 나다. 내가 없어져야 한다. 남을 적대시하고 세계를 뒤흔들고 일체를 무시하는 내가 없어져야 한다. 남을 미워하고 남을 괴롭히는 내가 없어야 한다. 내가 없다는 말은 사랑이라는 것이요, 공평이라는 것이다. 정의라는 것이다. 지혜라는 것이다. 남을 생각하는 마음이 나 없는 마음이다. 나 없는 마음, 이기심 없는 마음이 불심佛心이요, 나 없는 소리가 불성佛聲이요, 나 없는 말씀이 불언佛言이다. 일체성은 불성佛性이다. 거기에는 내가 없다. 소아가 사라지고 대아가 되었기 때문이다.

월간 『사색』 95호 〈벽암록〉

생사일여生死一如

사람들은 가끔 죽으면 어떻게 되나 하고 묻고 거기에 대하여 사후의 세계를 본 듯이 설명하는 사람도 많다. 그러나 그 설명이 인간의 근본문제를 해결해줄 수 있을 것 같지 않다. 벌써 사후를 묻는 그 마음이 어딘지 병이 들었는지도 모른다. 현재에 충실한 사람은 내일을 물을 겨를이 없다. 내일을 묻는 것은 현재에 금이 갔다는 것인지도 모른다.

대룡大龍의 대답은, 사람이 죽으면 혼령이 된다고 생각하는 그 당시 사람들의 생각에 대하여 현세와 내세의 이분설을 부정하고 있는 것이다. 현세가 끝나면 영원한 내세가 있는 것이 아니라 현세는 내세를 위해 있고, 내세는 현세를 위해 있다. 색신이 파괴된 후에 견고법신堅固法身이 있는 것이 아니라 색신色身은 견고법신을 기르기 위하여 최선을 다하고, 견고법신은 색신을 살리기 위하여 최선을 다하는 것이다. 생은 사를 위해 있고, 사는 생을 위해 있다. 생즉사生卽死요 사즉생死卽生이다. 사는 것이 죽는 것이요, 죽는 것이 사는 것이지, 삶과 죽음이 따로따로 있는 것이 아니다.

    오늘을 사는 것이 오늘을 죽는 것이고, 오늘을 죽는 것이 오늘을 사는 것이다. 죽기를 결심하고 오늘을 사는 것이요, 살기를 결심하고 오늘을 죽는 것이다. 생사는 일여다. 색신과 법신은 둘이 아니다. 육체와 정신은 둘이 아니다. 육체가 정신을 위할 때 육체는 깨고, 정신이 육체를 위할 때 정신은 깬다. 깬 육체와 깬 정신이 건강한 육체요, 건강한 정신이다. 건강에는 육체도 없고 정신도 없다. 건강은 그대로 육체요, 건강은 그대로 정신이다. 몸은 그대로 정신이요, 마음은 그대로 육체지, 마음 밖에 몸이 따로 있고, 몸 밖에 마음이 따로 있는 것이 아니다.

월간 『사색』 96호 〈벽암록〉

자살은 큰 죽음마저도 작게 만든다

자기의 죽음이 무르익기까지 인간은 죽음을 참아야 한다.
자살은 큰 죽음마저도 작게 만든다.
아무리 죽고 싶어도
아무리 어려워도
인간은 죽음을 견디어내야 한다.

『문학 속의 철학』〈릴케〉 214쪽

생사生死는 수단이지 목적이 아니다

인생의 문제는 죽은 후가 아니다. 언제나 내가 문제다. 죽기 전에 죽어 있는 것이 문제다. 인생은 진리를 깨닫기 전에는 취생몽사醉生夢死를 넘어설 수가 없다. 사는 것을 원하면서도 죽기를 원하고, 죽었으면 좋겠다고 하면서도 죽기를 싫어한다. 산 것도 아니고 죽은 것도 아니다. 산송장이요 죽은 미물이다. 종교는 사후를 문제 삼지 않는다. 사후를 아는 사람은 아무도 없다. 종교의 문제는 산 내가 문제다. 내가 정말 살았느냐가 문제다.

종교는 생사를 문제 삼지 않는다. 진리를 문제 삼고, 생명을 문제 삼고, 길을 문제 삼는다. 할 일이 무어냐가 생사보다 더 중요하다. 그 일을 위해서 살아야겠으면 살고, 그 일을 위하여 죽어야겠으면 죽는다. 생사는 수단이지 목적이 아니다. 생사는 양변兩邊이요, 중도中道가 아니다. 생사는 나뭇가지의 잎과 같아서 나무를 위하여 태어났다가 푸르게 일하고 가을이 되면 다시 낙엽으로 죽어 뿌리를 기름지게 하는 것뿐이다. 살아도 나무를 기르고, 죽어도 나무를 기른다. 생사生死는 수단이지 목적이 아니다. 생사는 생사에 맡기고 다만 길을 가고 마음을 닦고 인격을 기를 뿐이다.

월간『사색』83호 〈벽암록〉

사람은 물음이요, 동시에 대답이다

    세상에 아무리 질문이 날카로워도 대답하지 못할 질문은 없다. 산이 아무리 높아도 하늘을 능가할 산이 없는 것이나 마찬가지다. 질문이 있기 전에 벌써 대답은 있는 법이다. 마치 벌레가 나오기 전에 풀이 푸르듯이 인생의 모든 문제는 인생 이전에 다 해결되어 있는 것이다. 어린애가 나오기 전에 어머니가 있듯이 인생이 나오기 전에 대답은 있는 것이다. 그러나 아이가 자라서 어버이가 되듯이 물음을 묻다가 자기가 대답을 하게 되는 것이 또한 인생일 것이다. 묻는 인생은 젊은 인생이요, 대답하는 인생은 늙은 인생이다. 묻는 것도 인생이요 대답하는 것도 인생이다. 젊은이는 끝없이 묻고 늙은이는 끝없이 대답하다 보니 묻느냐 대답하느냐는 결국 젊었느냐 늙었느냐의 차이밖에 되지 않을 것이다.

    인생(생生)은 묻고, 인사(사死)는 대답한다. 생사가 그대로 물음과 대답이요, 인생과 자연이 그대로 물음과 대답이다. 사는 것

자체가 물음이요, 죽는 것 자체가 대답이다. 생을 떠나 사가 없고 사를 떠나 생이 없다. 생사가 합친 것이 사람이라면 사람은 물음이요, 동시에 대답이다. 지혜로 묻고 사랑으로 대답하고, 마음으로 묻고 몸으로 대답한다.

월간 『사색』 62호 〈벽암록〉

우리도 철들 때가 되지 않았나

신앙이란 보이지 않기 때문에 어중이떠중이가 다 야단들이다. 게다가 열등의식을 보상받기 위해서 더 으스대고 더 외모를 꾸민다. 사당을 꾸미고, 의식을 갖추고, 정권과 손을 잡고, 신불神佛을 팔고, 민중을 기만하고 착취하는 경박자들이 얼마나 많은지 모른다.

불행한 일이다. 정말 화로를 뒤집어엎듯이, 종교니 교육이니 모두 뒤집어엎었으면 하는 생각이 들 때도 있다. 종교의 미명으로 신을 모독하고, 교육의 미명으로 백성을 못 쓰게 만드는 일이 얼마나 많은가. 우리가 겪은 교육 망국, 종교 망국이 한두 번에 그쳤던가. 신라 말, 고려 말, 조선 말, 우리들이 망할 때를 생각해 보면 모두 종교 탓이요, 교육 탓이라고 한다면 지나친 말일까. 공자가 망하는 법을 가르쳤단 말인가. 석가가 망하는 법을 가르쳤다는 말인가. 공자의 잘못일 리도 없고, 석가의 잘못일 리도 없다. 우리의 잘못이요, 우리 민족이 어리석은 탓이다.

석가가 정신을 차리라고 해도, 정신은 빼놓은 채 불상을 향해 복 달라고 절만 하고 있고, 공자가 사람이 되라고 그렇게 당부해도 강아지처럼 사색당파로 갈라져 서로 물고 찢고 야단하다가 망하고 말았으니, 석가가 와도, 공자가 와도, 우리와는 아무 상관이 없다. 말을 들을 수 있는 귀가 뚫리고, 신상神像을 볼 수 있는 눈이 열려야 하는데 귀는 먹고 눈은 감았다면, 차 주전자만 뒤집어엎을 뿐 아니라 집도, 자기도, 나라도, 세계도 모조리 뒤집어엎고 말 것이다.

　정말 사람 될 싹도 안 보이는 것들이 공연히 남의 신세만 지고 있는 것이 아닐까. 화로라도 뒤엎어 불바다라도 되는 것이 차라리 낫지 않을까. 6.25의 불길은 너무 약했단 말인가. 36년간의 굴욕이 너무 짧았다는 말인가. 아니다. 우리도 철들 때가 되지 않았나. 공자처럼 발분망식, 먹는 것을 집어치우고 생각할 때가 온 것이 아닐까. 우리의 사고방식을 뜯어고치지 않는 한, 석가도 이 나라를 어떻게 못하고, 공자도 이 민족을 어떻게 할 수 없을 것이다. 하물며 소크라테스나 예수가 온다 해서 이 민족과 이 겨레를 어떻게 할 수 있으리오.

월간 『사색』 79호 〈벽암록〉

제3장 심재

심재心齋

"제게 좋은 방법을 가르쳐 주십시오."
"네 정신을 통일하라. 귀로 듣지 말고 마음으로 들어라. 마음으로도 듣지 말고 기氣로 들어라. 귀는 소리를 들을 뿐이며 마음은 사물을 상대하는 것뿐이다. 그러나 기는 공허한 것이면서도 일체의 사물을 포용한다. 도道는 이 공허한 상태에만 깃든다. 이 공허한 상태를 심재心齋라 이른다."

마음의 재계齋戒란 정신을 통일하여 잡념을 없이 하는 것이다. 귀나 의식 같은 감각이나 지각으로 대상을 파악하는 것이 아니라 기氣 즉 우주적 직관으로 파악할 뿐이다. 귀는 감각적 판단이요, 의식은 지각의 주체다. 감각과 지각은 형상에 붙잡히고 주관으로서의 한계를 가진다. 그러나 기 즉 우주적 직관은 그 자체 아무것도 가진 것이 없기 때문에 천변만화하는 일체현상을 마음대로 받아들일 수가 있다. 우주적 직관만이 사물의 본질을 바로 파악할 수 있다.

마음의 재계란 내 지성을 우주적 직관까지 끌어올리는 일이다. 그리하여 내 지성을 허령지각虛靈知覺이 되게 한다. 일체 인위적인 것을 내버리고 인간의 지성을 한없이 높이 끌어올려 인간의 허虛와 우주의 허가 하나가 될 때 인간은 귀나 마음으로 보는 것이 아니라 기로 보게 된다. 허란 아무것도 없단 말이 아니다. 자기 의지를 우주적 예지까지 끌어올리는 일이다. 자기 의지가 우주적인 지와 하나가 될 때 그제야 인간은 아무것에도 붙잡히지 않는 자유무애自由無礙의 삶을 이룩할 수 있다.

　장자는 심재를 처세의 유일한 술법으로 내놓는다. 세속을 한번 떠나지 않으면 세상을 처리할 수 있는 참다운 지혜가 얻어지지 않기 때문이다. 그리하여 장자는 허실생백虛室生白 길상지지吉祥止止란 유명한 말을 내놓는다. 마음이 비어야 지혜는 생기고, 분수를 지켜야 행복이 넘친다. 자기의 주관과 인간적 분별을 떠나 무심히 사물과 대할 수 있는 사람만이 귀신을 감동시키고 인간을 감화시킬 수 있을 것이다. 장자의 처세는 사실 처세가 아니라 구세救世라고 하는 것이 좋을 것이다. 역시 자유를 얻는 길은 우주적 직관을 할 수 있는 지혜뿐이다. 떠오르는 햇빛에 만물이 소생하는 듯하다.

　　　　　　　　　　　　　　　　월간 『사색』 21호 〈인간세〉

재계목욕齋戒沐浴

유죄이면자有罪以免者, 죄를 지었어도 다 죄가 없어지면, 하는 말은 언일념지선言一念之善, 한 번 선을 생각하기만 하면, 혹은 한 번 진리를 생각하기만 하면, 즉가이개과則可以改過, 다 자기의 잘못을 고칠 수가 있다. 생각해보면 내가 잘못했다는 걸 알 수 있다.

즉악인卽惡人, 아무리 악한 사람이라도 한 번 생각하기 시작하면, 그건 기독교에서 회개라 한다. 한 번 생각하기 시작하면 마음이 깨끗해진다. 재계목욕齋戒沐浴, 아주 목욕을 한 것처럼, 제사를 지낸 것처럼, 목욕재계沐浴齋戒다. 마음을 깨끗이 하는 건 재계라 하고, 몸을 깨끗이 하는 것은 목욕이라 한다.

그래서 몸과 마음을 다 깨끗이 한다. 무엇으로? 진리로. 진리로 깨끗이 된다. 하나님의 말씀으로 깨끗이 된다. 가이사상제야可以事上帝也, 하나님을 섬길 만큼 깨끗한 사람이 될 수 있다.

마음이 깨끗한 자는 하나님을 볼 것이다, 라고 할 만큼 된다.

『노자 · 노자익』 7권 81~2쪽

세심洗心

성인聖人 이차세심以此洗心 퇴장어밀退藏於密.
성인은 이로써 마음을 깨끗하게 씻고,
은밀한 곳으로 깊이 물러나 숨는다.

성인은 이런 글을 가지고 자꾸 생각을 해서 세심洗心, 자기의 마음을 깨끗이 한다. 자꾸 생각을 하면 욕심이라는 것이 없어진다. 그래서 나중에는 깨끗하게 되고 만다. 언제나 깊은 데 숨어서 보이지 않는 세계를 볼 수 있게 된다.

『주역 강해』 3권 100쪽

마음은 본래 허공이다

언제나 좋은 생각을 많이 해야 한다.
사람은 언제나 깨끗한 것을 좋아하니까 밤낮 씻어야 한다.
마음이란 본래가 허공이다.
마음은 본래 허공인데 자꾸 좁아져서 주먹만 해진 것이지,
본래는 허공이다.
본래의 허공 같은 마음을 가져야 한다.
그래서 다른 사람의 불행을 슬퍼하고,
다른 사람을 가엾게 여기는, 그런 마음을 또 가져야 한다.

『화엄경 강해』 2권 112쪽

하루에 세 번씩 자기 자신을 반성함

하루에 세 번씩 자기 자신을 반성해보는 것이 빈복頻復이다.
다른 사람에게 진실하게 대했는지,
친구들에게 믿음직했는지,
선생님 강의를 듣고 내가 그냥 버린 일은 없는지
반성해보는 것이다.
선생님의 진리를 전해 듣고서
그것을 깊이 생각해봐야 하는데
그렇게 하지 않고 그냥 내버리진 않았나
반성하는 일도 중요하다.

『주역 강해』 1권 426쪽

물

물같이 사는 것이 제일 잘 사는 거다.
물은 스스로 움직여 남을 움직인다.
물은 언제나 자기의 갈 길을 찾아 나간다.
물은 장애에 부딪쳐 더욱 심하게 그 세력을 배가倍加한다.
물은 언제나 스스로 깨끗하여 다른 것의 더러움을 빨아주며
맑고 흐림을 통째로 삼키는 아량이 있다.
물처럼 좋은 것이 어디 있을까.
공자도 물 흘러가는 것을 보고는 찬탄을 금할 수가 없었다.
물은 언제나 만물을 도와주고 그들과 다투지 않는다.
모든 사람이 싫어하는 제일 낮은 데 처하여
스스로 도를 즐긴다.
성인도 마찬가지다.
남을 살릴 뿐 그들과 싸우지 않고
모든 사람이 내던진 무욕無欲의 경지에서 천지를 즐긴다.

그 모습이 어찌도 그리 같을까.
낮은 땅에 처하기를 좋아하고
깊은 못에 들어가기를 좋아하고
살리기를 좋아하고, 거짓이 없고,
남을 도와주려고 힘을 쓰고,
때를 맞추고 천지와 함께 살아
아무 것과도 다투지 않으니
물은 흠잡을 것이 없지 않나.
성인도 마찬가지다.
낮은 데 처하기를 좋아하고,
생각은 깊이 하고, 사랑은 넓게 하고,
말은 믿음직하고, 다스림은 올바르며
일은 잘하고, 때는 잘 맞추니
성인과 다툴 이가 어디 있을까.
무엇으로 흠을 잡을까.
땅에서 솟는 샘물,
강으로 흐르는 냇물,
바다에 넘치는 짠물,
그리고 하늘을 나는 빗물,
아아, 물이로구나. 물.

월간 『사색』 8호 〈노자 제8장〉

사명

철이 들어 회개하면 그다음에 뭐하나?
공자 말로 하면 50에 지천명知天命이라 한다.
자기가 뭘 해야 될지 비로소 그것을 알게 된다.
모세는 80에 가서야 비로소 자기가 뭘 해야 될지
그것을 알게 된다.
그래서 결국 이스라엘을 구원하는 것이
모세의 사명이 되었다.
공자 말로 하면 그 당시에 중국을 구원하는 것이
공자의 사명이었다.
석가로 말하면 인류를 구원하는 것이 석가의 사명이다.
그러니까 이 사명이라는 것, 이게 중요하다.
이것을 장자에서는 심재心齋라 이렇게 말한다.

『구약전서 강해』 28강 (미출간)

운명

운명을 극복하는 길은 운명을 피해도 안 되고,
운명과 싸워도 안 된다.
운명을 이해하고 운명을 사랑하는 수밖에 길이 없다.
나에게 부딪친 운명을 근시안적으로만 생각하지 말고,
원시안적으로, 영원한 생명의 입장에서,
모든 간난고초가 나를 순금으로 만들고
부처로 만들어가는 하나의 과정이며,
이 과정을 거치지 않으면
순금이 될 수 없다는 것을 이해해야 한다.
불의 고초를 당하든지, 물의 고초를 당하든지,
간난고초를 달게 받아 기쁜 마음으로 운명에 순응하고,
운명을 사랑함으로써 운명을 극복해가라는 것이다.

월간『사색』104호 〈벽암록〉

탐貪 진瞋 치癡

나 자신을 돌아볼 때 나는 불이 꺼졌는가?
가장 많은 불이 세 가지, 탐貪 진瞋 치癡라는 불이다.
탐貪이란 욕심이다. 재산에 대한 욕심이다.
진瞋이란 다른 사람에 대한 불평불만이다.
사회에 대한 불평불만이다. 그런 것을 진이라 한다.
치정癡情은 남녀의 애정에서 나오는 불이다.
가장 큰 번뇌가 이 세 가지다.
그래서 사람은 누구나 다 화택火宅이라 한다.
뱃속에도 불이 붙고 있고,
가슴에도 불이 붙고 있고,
머리에도 불이 붙고 있다.
인간 전체가 그대로 화택이다.
그 화택 속에는 치매도 있고 망령도 있다.
맨 도깨비, 귀신들이다.

또 그 속에는 악수, 독충들이 있다.
사람이 그렇다는 말이다.
악수, 독충이 나오면 중학생이 사람을 죽이기도 하고
별짓을 다한다.
이것이 다 화택에서 나온다.
화택에서 벗어나온 것이 열반이다.
불이 꺼진 것이다.
불이 꺼지면 그 이상 행복한 것이 없다.

『법화경 강해』 53쪽

빠지면 멸망한다

무엇에나 빠지면 멸망하기는 마찬가지다.
악에 빠져도 잘못이지만 선에 빠져도 잘못이고,
죄악에 빠져도 잘못이지만 구원에 빠져도 잘못이다.
쇠사슬에 매여도 부자유지만 금사슬에 묶여도 마찬가지다.
죄악에서 해탈되어야 할 것은 물론이지만
구원에서 해탈되어야 할 것은 말할 것도 없다.
번뇌에 빠져도 안 되지만 보리에 빠져도 안 되고,
생사에 빠져도 안 되지만 열반에 빠져도 안 된다.
병에 빠져도 죽지만 약에 빠지면 더욱 위험하다.
그래서 옛날부터 아파서 죽는 사람은 없지만
약 먹고 안 죽는 사람이 없다고까지 한다.
병은 자연이기 때문에 사람이 자연으로 돌아가면
저절로 고쳐지지만
약은 인위적인 것이기 때문에

인위적인 것은 막을 길이 없다는 것이다.
세상에 죄인도 문제지만
깨달았다는 사람처럼 난처한 인간은 없다.
그것이 교만이다.
교만이야말로 만악의 근본이요,
깨달았다는 경우에도 독단은 얼마나 많고
독선이 얼마나 많은지 모른다.
그래서 약능살인藥能殺人이란 말을 많이 한다.
깨달았다는 사람이 더 위험하다는 것이다.

월간『사색』99호 〈벽암록〉

삼독三毒을 뽑아버림

쓸데없이 돈 벌려고 하지도 말고,
감투 쓰려고 하지도 말고,
이름 내려고 하지도 마라.
탐진치貪瞋癡를 끊어버리고,
오직 자기의 개성을 살려가야 한다.
열반涅槃이니 불성佛性이니 그런 생각도 마라.
그런 생각하고 있는 동안은 아직도 번뇌를 벗지 못한다.
아무 생각도 하지 말고 자기의 할 일만 해가는 것뿐이다.
그러면 세상에 문제가 있을 리가 없다.
그저 파들어 가라.
생명수가 터져 나오도록 한 우물을 파들어가라.
세상을 탐내지도 말고,
세상을 원망하지도 말고,
세상에 빠져들지도 말고,

세상 생각은 일체 단념하고
오로지 자기의 한 길을 떳떳이 걸어가라.
그것만이 사는 길이다.
이것이 조주의 삼전어三轉語이다.
탐내지 마라. 쇠는 흙 속에서 녹이 슬어버린다.
화내지 마라. 나무는 불에 타버린다.
빠지지 마라. 흙은 물에 풀어져버린다.
탐貪이건 진瞋이건 치癡건 일념불생一念不生이면
만법萬法으로도 걸어 맬 데가 없다.
요는 탐진치의 삼독三毒을 뽑아버리는 것이다.
이것이 조주의 삼전어이다.
사실 세상에 할 말이 있다면 그 말밖에 없다.
욕심을 버려라. 그러면 산다.
많이 먹지 마라. 그리하면 병이 없을 것이다.
남을 미워하지 마라. 그리하면 죽이는 일은 없을 것이다.
치정에 빠지지 마라. 그러면 더러운 것은 없을 것이다.

월간 『사색』 103호 〈벽암록〉

내가 해야 한다

진리는 자기가 깨달아야지
남에게 물어볼 성질의 것이 아니다.
자기의 본체는 자기가 발견해야지
남에게 찾아달라고 할 성질의 것이 아니다.
자기의 소질은 자기가 발견해야지
남에게 물을 것이 못 된다.
옛날 증자는 하루에 세 번씩 자기 자신을
돌이켜보았다고 한다.
자기반성은 자기가 해야지 남에게 해달라고 할 것이 못 된다.
사구백비四句百非[1]를 떠나서 자기가 해야 한다.

---

1. 사구백비四句百非란 사구분별四句分別, 사구문四句門이라 하여 변증법의 한 형식이다. 사구는 정립定立, 반정립反定立, 긍정종합肯定綜合, 부정종합否定綜合이니, 이제 유有와 공空으로 만유제법을 판정할 때에, 제1구의 유有는 정립, 제2구의 공空은 반정립, 제3구의 역유역무亦有亦無는 긍정종합, 제4구의 비유비공非有非空은 부정종합이며, 처음 2구를 양단兩單, 뒤의 2구를 구시구비俱是俱非 또는 쌍조쌍비雙照雙非라 한다. 백비는 부정을 거듭하는 것으로서, 몇 번이고 부정을 거듭할지라도, 참으로 사물의 진상을 알기 어려울 때에 써서, 중생들의 유무有無의 견해에 걸림을 없애게 하는 것이다.(『불교사전』 동국역경원)

교리와 사상을 떠나서 자기의 속알은 자기가 붙잡아야 한다.
여기에 생각이 필요하고 고행이 필요하다.
생각도 내가 하는 것이고, 고행도 내가 하는 것이지
남이 해줄 수는 없다.
밥은 내가 먹어 소화시키고,
목욕은 내가 해서 깨끗해져야지
남이 대신 소화시켜줄 수도 없고,
남이 대신 목욕해줄 수도 없다.

월간 『사색』 92호 〈벽암록〉

자치自治

'자구구실自求口實 관기자양야觀其自養也'는
자치自治라는 문제다.
자기 힘으로 밥을 먹는 것인가.
자기 힘으로 자기를 기르는 것인가.
아니면 남의 도움을 받아서 하는 것인가.
자기 힘으로 나라를 지키는 것인가.
아니면 남의 힘으로 나라를 지키는 것인가.
모두 같은 말이다.
내 병을 내가 고치는 것인가.
의사에게 고쳐달라는 것인가.
정치로 말하면, 우리 힘으로 우리 사회를 바로잡는 것인가.
남의 힘을 빌려서 바로잡는 것인가.
자치가 가장 중요하다.
내 병을 내 힘으로 바로잡는 것인가.

꼭 의사의 힘을 빌어서 고치는 것인가.
이것이 자치의 시작이다.
내 마음을 내 힘으로 바로잡는 것인가.
꼭 남의 도움을 받아야 바로잡는 것인가.
이렇게 정신적으로나 육체적으로나 자치하는 것이 중요하다.
사람에게는 누구나 자기 자신을 고칠 수 있는 힘이 있다.
이것은 맹자의 말이다.
자기가 자기를 다스릴 수 있는 힘이 있는데
그 힘을 찾아내지 못하면 남의 신세를 지게 된다.
그렇게 남의 신세를 지게 되면 독립을 할 수가 없다.
따라서 우리가 독립할 수 있는가 아니면
남의 노예로밖에 살 수 없는가 하는 문제나,
우리가 자주自主할 수 있는가, 자주할 수 없는가 하는
문제는 모두 같은 문제다.
'자구구실自求口實 관기자양야觀其自養也'란
자기가 먹을 양식을 자기 힘으로 구한다는 뜻으로
이것은 물리적인 면에서도 정신적인 면에서도 말할 수 있다.

『주역 강해』 1권 465~66쪽

무엇을 기르는가

무엇을 기르는가, 그것을 알아야 한다.
우리가 기르는 것이 무엇인가.
기르는 것이 정신인가, 육체인가.
인간에게는 이것이 가장 중요한 문제라 할 수 있다.
옛날부터 건강한 정신에서 건강한 육체가 나오지만
건강한 육체에서 건강한 정신이 나온다고
말하기는 어렵다고 했다.
우리가 건강한 정신을 길러 놓으면 육체도 건강해지지만
육체를 건강하게 길러 놓았다 해서
정신까지 건강해진다고 말하기는 어렵다.
우리가 무엇을 기르는가 하는 것도 중요한 문제다.
그리고 나를 기르는 것인가, 남을 기르는 것인가
하는 것도 또한 중요하다.
꽃, 나무 등 식물을 기르는 것인가.

소, 돼지 등 동물을 기르는 것인가.
아니면 사람을 기르는 것인가 하는 것도 중요하다.
또 크게 말하면 집안을 기르는 것인가,
나라를 기르는 것인가.
아니면 천하를 기르는 것인가라는 문제다.
우리가 무엇을 기르는 것인지 생각해보면
작게 말하면 한없이 작아지고, 크게 말하면 한없이 커진다.
그래서 '관이觀頤'가 중요하다.
어떻게 먹는가 하는 것도 중요하지만
무엇을 기르는가 하는 것도 중요하다.

『주역 강해』1권 464~65쪽

몸맘 · 맘몸

'몸맘 · 맘몸' 지나친 것은 줄여가고, 모자란 것은 늘려가야
언제나 건강한 정신에 건강한 육체가 된다.
사람은 다 육체는 건강한데,
육체를 건강하게 하기 위해서는 열심인데,
정신을 건강하게 하는 데는 무관심이다.
정신을 모으고 육체는 조금 줄여야 한다.
예수님으로 말하면 몸맘은 금식, 맘몸은 기도,
즉 금식기도이다.
유영모 선생은 이 금식기도를 '몸맘 · 맘몸'이라 표현했다.
우리의 육체는 조금 줄여도 좋고,
대신에 우리의 정신은 조금 늘려가라는 것이다.
우리가 자꾸, '생각해야 한다, 생각해야 한다' 하는 것은
우리의 정신을 늘려가기 위해서이다.
공부하는 것이 다 정신을 늘려가기 위해서이다.

윤집궐중允執厥中, 겸謙, 몸맘·맘몸, 모두가 같은 말이다.
겸謙 자엔 벼 화禾 자가 두 개 들어가 있는데
둘을 똑같이 만들라는 의미다.

『주역 강해』 1권 289~90쪽

금식기도

사람의 욕심은 언제나 강한데 정신력은 언제나 약하다.
인심유위人心惟危란 욕심이 강하다는 말이고,
도심유미道心惟微란 정신이 약하다는 말이다.
그래서 정신력을 자꾸 더해주고 욕심을 줄여야
진실로 그 중中을 잡을 것이 아닌가 하는 말이다.
정신은 늘리고, 욕심은 줄여야 한다.
욕심을 줄이기 위해서 금식이 나오고,
정신력을 늘리기 위해서 목욕재계가 나왔다.
몸을 깨끗이 하고 밥을 먹지 않는 것이다.
금식하고 부모님께 제사를 지내는 것인데 이러한 금식기도는
기독교뿐만 아니라 동양의 모든 종교가 갖고 있는 것으로
욕심을 줄이고 정신은 늘리자는 것이다.
유영모 선생님은 이것을 '몸맘·맘몸'이라 했다.
'몸맘·맘몸'이다. '몸맘'이란 몸을 줄이는 것이고,
'맘몸'이란 마음을 늘리는 것이다.

우리의 정신력은 자꾸 늘여야 한다.
그러기 위해서 우리가 생각하고, 공부하고, 연구하는 것이다.
그 대신에 우리의 욕심은 줄여야 한다.
먹는 것도 조금 줄이고, 쓰는 것도 조금 줄여서
검소하고 아끼면서 살아가는 것이다.
이것이 사는 법이다.
몸을 줄이려면 재산이나 가구도 좀 줄여야 한다.
노자는 "치인사천治人事天 막약색莫若嗇"이라 했다.
사람을 다스리고 하늘을 섬기는 데는
아낌밖에 없다는 말이다.
자꾸자꾸 아껴서 모아야 사람도 다스릴 수 있고,
하나님도 섬길 수 있다.
금식기도라는 말이다.
언제나 물건은 줄이고, 정신은 늘려야 한다.
물건은 많이 늘렸는데 정신은 아주 줄어들게 되면
형편없이 타락한 세계가 되고 만다.
물건이 늘어나는 만큼 정신도 늘어나는 사회라야
건강한 사회다.
그런데 물건은 늘어나는데 정신이 늘어나지 않으니까
'인심유위人心惟危 도심유미道心惟微'가 되어
보기 흉한 세상이 되고 마는 것이다.

『주역 강해』 2권 172~73쪽

시중時中

몸은 줄이고, 마음은 늘여야 한다.
몸은 가벼워지고, 마음은 커져야 한다.
그래서 몸과 마음이 하나가 되어야 한다.
그것을 중中이라 한다.
욕심은 줄이고, 정신은 늘여서 하나가 될 때
그것을 중中이라 한다.
그런데 이것은 한꺼번에 되는 것이 아니다.
시간이 걸린다. 유교에서는 대개 4단계로 나누는데
시간이 걸린다.
유교에서는 언제나 춘하추동春夏秋冬이다.
춘하추동이라는 4단계로 가서 완성이 되지,
한꺼번에 무엇이 되지 않는다.
불교에서는 각覺이라 해서 한꺼번에 되는 것 같지만
유교는 그것이 아니다.

시중時中이다.
춘하추동이 맞아들어야 한다.

『주역 강해』 2권 175쪽

육체와 정신의 통일

정신은 강하고 육체는 튼튼하게, 마음은 깨끗하고, 열려있고, 몸은 부드럽고 바르게, 그래서 건강한 마음과 건강한 몸이 일치가 되어야 한다. '몸맘·맘몸'이다. 일식일좌一食一坐다. 지행일치知行一致다. 금식기도다. 육체와 정신의 통일이다. 중中이다. 먹는 것을 줄이고 생각하는 것은 늘려서, 먹는 것과 생각하는 것을 일치시키는 것이 일식일좌一食一坐요, 윤집궐중允執厥中이다. 일식一食이란 건강한 육체요, 일좌一坐란 건강한 정신이다. 이것을 나는 '나알·알나'라고 해본다. 나를 알면 앓다가 낫는다. 견성見性을 하면 건강한 몸이 된다. 건강한 정신이 되면 육체가 건강하게 된다.

또는 '날알·알나'라고 해본다. 날 줄 알면 알을 낳는다. 큰 닭이 되면 계란을 낳게 된다. 성인聖人 또는 대인大人이 되면 자연히 진리를 생산하게 된다.

『주역 강해』 1권 64~5쪽

일좌식一坐食

군대에 가면 처음에 배우는 것이 차렷이다. 머리 꼭대기와 발이 일직선으로 꼭 들어맞게 서있는 것이다. 그렇게만 되면 아무리 오래 서있어도 아무렇지 않다는 것이다. 기둥이 똑바로 서있으면 아무리 오래 지나도 아무렇지 않은데 기둥이 조금이라도 기울어져 있으면 지탱할 수가 없다. 그래서 군대에서 제일 먼저 하는 것이 차렷인데, 차렷을 한 달쯤 하면 어느 정도 곧바로 서게 된다. 그러면 보초를 몇 시간 서있어도 아무렇지 않게 된다.

옛날 사람들은 공부한다 할 때 차렷부터 배워줬다. 똑바로 앉아서 공부를 하면 열 시간을 해도 아무렇지 않다. 그래서 좌법坐法이라는 것이 제일 중요하다. 요새 학생들이 몸이 뚱뚱해지고 허약해지고, 허리가 구부러지고 이러는 것은 다 좌법이 안 되어 그런 것이다. 옛날에는 앉는 법, 좌법부터 배워주고 그것이 되면 책을 읽게 했다.

유교에서는 정좌법을 배워주고, 불교에서는 가부좌법을 배워줬다. 똑바로 앉으면 십년을 앉아 있어도 아무렇지 않다. 사람의 척추가 기둥이니까 이것을 수직으로 만들어서 무거운 머리가 아무렇지도 않게 해야 된다. 그렇게 되면 피곤한 것이 없다. 좌법이 되면 20시간을 앉아있어도 피곤함이 없다. 그래서 옛날 사람들은 정좌를 가르쳤다.

그리고 일식一食이니까 졸리는 것도 없다. 밥을 먹으면 졸리는데 깨어나서 아무것도 먹지 않아 위가 비어있으면 피곤하거나 졸리는 것이 없다. 20시간을 공부해도 아무렇지도 않다. 그러니까 일좌식一坐食이라는 것이 공부하는 법이다. 공부할 때는 뱃속에 아무것도 넣지 않고 생각만 열심히 하면 된다. 일식 일좌, 그렇게만 되면 아무리 공부해도, 아무리 일해도 아무렇지 않다는 것이다. 이것이 옛날부터의 건강법이다. 건강법의 핵심이 무엇인가 하면 일좌식이다.

『화엄경 강해』 2권 411쪽

공부

아침 일찍 일어나서 부지런히 열심히 공부한다.
닭이 울면 벌써 일어나서 열심히 공부한다.
옛날 공부란 다른 것이 아니고 성경공부다.
성경이란 하루 이틀에 다 알았다고 할 수 있는 것이 아니다.
일생을 두고서 공부하고 또 공부해도 계속해야 한다.
성경이란 공부해서 무엇이 알아지는 것이 아니라
자기 자신이 조금씩 조금씩 높아지는 것이다.
성경이란 무엇을 아는 책이 아니라 올라가는 책이다.
나라고 하는 것이 자꾸 올라가는 것이다.
나라고 하는 것이 자꾸 높아지는 것이다.
자기의 마음자리가 자꾸자꾸 높아지는 것이다.
옛날사람들에게 성경聖經이란 물론 사서삼경四書三經이다.
이렇게 자꾸 성경을 읽는 것이 희천希天이다.
점차 하늘에 가까워지는 것이다.

성경을 읽을수록 내가 하늘에 가까워진다.
예수님께 가까워지는 것이다.
아침 일찍 일어나서 부지런하고 열심히 좋은 일을 해야 한다.
좋은 일을 한다는 것은 다름이 아니라
성경을 공부하는 것이다.
그것이 순지도舜之徒다.
일찍 깨서 하나님의 말씀을 열심히 공부해야
예수 믿는 사람들이라는 말이다.

『주역 강해』 2권 257쪽

일식·일좌·일인·일언

　　1956년 4월 26일 유영모 선생님이 죽는 날이라 했다. 우리는 다 선생님이 죽은 줄 알았다. 함석헌 선생은 안 믿었다는데 우리는 꼭 믿고 죽는 줄 알았다. 결국 함석헌 선생은 열 살 먹은 아이고, 나는 한 살짜리 아기다. 나는 꼭 믿었다. 그리고 이틀 후 선생님의 장례식에 가야 되겠다고 선생님 댁을 찾아갔다. 그 날이 금요일인데 선생님을 찾아가는 도중에 자하문 밖에서 선생님을 만났다. 금요일이니까 늘 하시던 대로 YMCA에 오시는 것인데 나는 정말 아찔했다. 선생님이 죽어있어야 하는데 살아있는 것이다. 하여튼 나는 선생님이 죽는다는 말을 듣고 그동안 내가 선생님에게서 받은 내용이 무엇인가를 열심히 생각했다. 내가 선생님께로부터 받은 내용이 무엇인가 열심히 생각해서 결국 다음 세 마디로 요약을 했다.

　　할 일이 있다면 한 때 먹을 일.

말씀이 있다면 한 참 잘 말씀.

싸움이 있다면 한 고디 싸움.

이 세 마디를 적어서 주머니에 넣고 다니다가 선생님을 만나자마자 "선생님, 왜 살았어요?" 하는 말은 하지 않았고 주머니에서 이것을 꺼내어 선생님께 드렸다.

여기서 '한 고디'라는 것은 곧을 직直 혹은 곧을 정貞인데 쉽게 말하면 정직正直이라는 것이다. 싸움이 있다면 정직하려고 애쓰겠다는 말이다. 제일 중요한 것이 정직이다. 맹자의 철학을 한마디로 말하면 의義인데 의라는 것은 정직이다. 나무가 한없이 하늘로 올라가는 이것이 정직이다.

그리고 '할 일'이란 진실眞實이다. 열매를 맺는 것이다. 그래서 "할 일이 있다면 한 때 먹을 일"이다. 일식一食 하는 것이 내 할 일이라는 말이다. 일식은 나에게 있어서 하나의 진실을 나타내는 일이다.

그다음 핵심은 "말씀이 있다면 한 참 잘 말씀"이다. '참 말씀'하고 '잘 말씀' 두 가지다. '잘 말씀'은 말씀을 잘 한다는 것이 아니라 잠잔다는 '잘 말씀'이다. 잠을 한없이 깊이 잔다는 것이다. 그리고 만일 사람한테 할 말이 있다면 거짓이 아니라 참말을 하겠다는 것이다.

그러니까 저녁에는 일식이다. 새벽에는 일좌다. 낮에는 학교에서 강의하는 것, 가르치는 것이다. 밤에는 자는 것이다. 하루

일과가 이렇게 일식一食, 일좌一坐, 일인一仁, 일언一言이다.

일식, 밥 먹는 것은 하나의 부실도 없다. 정말 알찬 밥을 알차게 먹는 것이다. 일좌는 생각하는 것이다. 아침에는 생각한다. 요전에 썼던 말대로 생각 속에는 한마디도 거짓이 없다. 유영모 선생님도 새벽에 가만 생각하는데 그 생각 속에는 하나의 거짓이 없도록 우선 생각 속의 거짓을 빼야 한다. 그래서 주역 건괘乾卦의 구삼九三이다. "무일념지불성无一念之不誠 무일언지불실无一念言之不實"이다. 아침에는 생각하는 것인데, 내 생각 속에서 일체의 거짓이라는 것을 빼내자는 것이다. 일좌와 일식은 결국 한 고디 싸움과 한 때 먹는 일인데, 이것이 소위 정직과 진실이다.

그리고 일언이다. 밤에 자는데 참사람은 꿈이 없다. 꿈 없이 깊이 자는데 그 잠 속에서 하나님의 뜻을 깨달아 안다는 것이다. 잠이 단순한 잠이 아니라 잠이라는 무의식 속에서 하나님의 뜻을 깨달아야 한다. 유영모 선생님은 잠 속에서 시를 지었다는 이야기를 하셨는데 나도 그런 생각을 하는 것이다. 요는 잠이라는 것을 깊이 자야 된다는 것이다.

일인一仁은, 다른 사람한테 말할 때는 참말을 해야지 거짓말을 하면 안 된다는 것이다. 참말 하는 그것이 사랑이다. 왜 그런가? 참말을 통해서만 사람이 깨어나기 때문이다. 구원을 받기 때문이다. 그래서 참말을 하자는 것이 결국 사랑이다. 이것을 소위 법보시法布施라 한다.

『법화경 강해』 450~52쪽

진실무망眞實无妄

무망无妄이란 거짓이 없다는 뜻이다.
거짓이 없다는 것은 달리 말해 진실이다.
모든 열매는 진실이다.
밤, 사과, 배 등 모든 열매는 속이 꽉 들어차 빈틈이 없다.
유교에서 가장 중요하게 생각하는 것이 성誠인데
기독교로 말하면 믿음과 같은 것이다.
주자는 성誠을 진실무망眞實无妄이라고 해석했다.
진실해서 일체 거짓이 없는 것을 성誠이라고 본 것이다.
성이란 말씀(언言)을 이룬(성成) 것으로 진리의 구현이다.
진리의 구현이 결국 진실인데 진실 속에는 거짓이 없다.
그래서 진실무망이라 했다.
그런데 자기 속이 꽉 차있는 진실이기에
또 다른 의미를 갖게 된다.
그것은 일체 버리는 것이 없다는 것이다.
자기로서 족하면 더 이상 바랄 것이 없다.

『주역 강해』 1권 433쪽

불경확不耕穫

진실이란 정말 인간의 궁극목적이다.
나무에 싹이 트고, 꽃이 피고, 잎이 나오고,
열매가 맺히는 것이 궁극이다.
지어지선止於至善이다.
인仁도 열매를 뜻한다. 진실이다.
불경확不耕穫은 열심히 일하고도 결과에 대해서
아무 욕심이 없는 것을 말한다.
선善이란 열심히 최선을 다 할 뿐
그 결과를 생각하지 않는 것이다.
철학에서는 이것을 동기설動機說이라 한다.
결과를 의식하고 행위하는 것은 아니라는 것이다.
선은 그저 선이기에 선한 것이지
어떤 결과가 있어서 선한 것이 아니다.
우리가 좋은 일을 하는 것은 그 자체가 좋아서

하는 것뿐이지 그것을 팔기 위한 것은 아니다.
세잔느는 일생동안 그림을 그렸지만
한 장도 팔지 않았다고 한다.
그저 좋아서 그린 것뿐이다.
이렇게 열심히 일하면서도 수확收穫에 대해서는
아무 욕심이 없는 것이 불경확不耕穫이다.
주석에도 "무사의기망지심无私意期望之心"이라 했다.
자기의 뜻에 무엇을 바라는 마음이 없다는 말이다.

『주역 강해』 1권 439쪽

자족自足

우리가 살아갈 때 아무것도 기대하지 않고
살아가는 것이 중요하다.
자족自足하고 사는 삶이다.
아무것도 기대하지 않고 살면 얼마나 편안한가.
그런데 무엇을 기대하고 살면 정말 야단이다.
관리들의 문제가 이것이다.
법대로 처리해가면 되는데 자꾸 무엇을 기대하니까
부정부패가 생긴다.
기대하지 않는 것이 법대로 사는 것이다.
그런데 기대하면 법대로 살 수가 없고
법치국가를 이룩할 수가 없다.
그래서 부정부패가 나오고 경제적 어려움이 닥친다.
꽃이 떨어지고 잎이 떨어지고(심신탈락진心身脫落盡),
남아있는 것은 오직 열매뿐이다(유유일진실唯有一眞實).

마음이 없어지고 몸이 없어지고,
그리하여 하늘나라에 가는 것, 그것이 우리의 영靈이다.
마음도 내가 아니고, 몸도 내가 아니고,
내 속에 있는 영이 나다.
영이란 말이 좀 걸린다면 정신이라 해도 좋다.
내 속에 있는 정신, 그것이 내 주체다.
몸도 내 주체가 아니고, 마음도 내 주체가 아니고,
내 속에 있는 정신이 내 주체다.
그래서 1단계를 지나가고, 2단계를 지나서 3단계다.
산은 산이요, 물은 물이다 하는 것이 1단계,
산은 산이 아니고, 물은 물이 아니다 하는 것이 2단계,
산은 역시 산이요, 물은 역시 물이다 하는 것이 3단계다.
여기에 가야 진짜 나다.
몸도 진짜 나가 아니고, 마음도 진짜 나가 아니다.
제3단계에 간 나, 그것이 진짜 나다.
그것을,
심신탈락진心身脫落盡 유유일진실唯有一眞實이라 한다.

『주역 강해』1권 446쪽

눈을 못 뜨면 살아도 산 것이 아니다

눈알이 뒤집히는 것이 아니라 눈을 감는 거다.
죽음이란 별것 아니다. 눈을 감는 거다.
그러니 삶도 별것 아니다. 그것은 눈을 뜨는 거다.
눈을 뜬다는 것은 육신의 눈만 뜨는 것이 아니다.
마음의 눈도 떠야 하고,
정신의 눈도 떠야 하고,
영혼의 눈도 떠야 한다.
눈을 못 뜨면 살았어도 산 것이 아니다.

월간 『사색』 56호 〈벽암록〉

내가 깨어야 한다

육체가 건강해야 한다. 정신이 건강해야 한다.
건강한 육체가 얼이요, 건강한 정신이 뜻이다.
할 뜻을 가져야 하고, 할 몸을 가져야 한다.
아무 일 없이 알기만 하고, 느끼기만 해서야
나라는 어디 있고, 집은 누가 짓나.
일은 해야 하고, 뜻은 이루어져야 한다.
뜻의 꽃을 피우고, 얼의 잎이 무성하도록 이루어놓아야 한다.
이러니저러니 하기 전에 몸을 닦고 마음을 털어버려라.
마루를 닦듯이 몸을 닦고, 먼지를 털듯이 마음을 털어버려라.
마음의 꽃을 피우고, 몸의 잎을 돋게 하라.
튼튼한 몸, 푸른 몸, 힘 있는 몸,
아름다운 마음, 빛나는 마음, 명랑한 마음을 가져라.
다시는 피기 전이니 후니 하지 마라.
내 마음이 피어야 하고 내 몸이 돋아야지

몸과 마음을 내놓고 또 무엇이 있담.
진리도 마음의 꽃이 핌이요,
생명도 몸의 열매가 달리는 것이지 별것 있느냐.
나다.
내가 본체다.
너도 문제가 안 되고, 남도 문제가 안 된다.
쓸데없이 나라가 어떻고, 사회가 어떻고 하지 마라.
그보다 내 마음을 잡고, 내 몸을 기르자.
본체本體와 묘용妙用, 내 몸과 내 마음, 그것도 복잡하다.
오직 나다.
내가 깨어야 한다.
내가 있어야 한다.
지문이고 연꽃이고 그것이 아니다.
나다.
내가 깨는 거다.
내가 뛰는 거다.
영체靈體로 뛰고 의용意用으로 깨는 거다.

월간 『사색』 62호 〈벽암록〉

나를 이겨야 한다

내가 나를 이겨야 한다.
나를 이기면 자유요, 나를 못 이기면 노예다.
어느 때는 그것이 선생이 되기도 하고,
어느 때는 그것이 아버지가 되기도 하고,
그것이 신이 되기도 한다.
선생을 이기고, 아버지를 이기고, 신을 이긴다.
물론 복종으로 이기지만 이기기는 이겨야 한다.
운명에 복종하고, 진리에 복종하고,
자연에 복종함으로써 이긴다.
하여튼 진리에 복종하려면 진리에 저항하는
나와 싸워야 한다.
싸워 이겨야 한다.
여기에 고행이 필요하고 수도가 필요하다.
행行 없이 어떻게 자기와 싸울 수 있을까.

월간 『사색』 63호 〈벽암록〉

선구적 결단

 시간은 공간의 정신이요, 공간은 시간의 몸이라 한다. 그러니까 정신이라 하는 것을 우리는 시간으로 보는 것이다. 더구나 프랑스의 베르그송 같은 사람은 의식을 시간의 흐름이라고 본다. 시간과 공간, 이 둘을 합친 것이 사람이다. 몸과 마음이 합친 것이 사람이다. 정신 없는 몸도 없고, 몸 없는 정신도 없다.

 주역으로 말하면 무극이태극無極而太極이다. 무극 없는 태극도 없고, 태극 없는 무극도 없다. 주자가 말한 것인데 같은 사상이라고 보아야 할 것이다. 그러니까 시간, 공간을 곱했다는 사상이다.

 인심유위人心惟危 도심유미道心惟微 유정유일惟精惟一 윤집궐중允執厥中이라 하는 것도 같은 말이다. 시간과 공간을 유정유일, 즉 곱해서 윤집궐중, 인간이 되었다는 것이다. 전부 다 그것이지 그것을 넘어서는 것이 없다.

 시간 공간을 어떻게 곱하는가? 수도修道라는 것이다. 10년을 앉아 있었다거나 하는 것이 시간과 공간을 곱하는 그 내용이다. 9년 동안 앉아 있었다 하면 9년은 시간이고, 앉아 있다는 것이 공간이다. 시간과 공간이 합해져서 달마가 되는 것이다. 무엇이나 다 마찬가지다. 우리가 공부를 10년 했다 하는 것도 다 시간 공간을 곱하는 이야기지 다른 것이 아니다. 석가가 6년을 고행했다 하는 것도 다 시간 공간을 곱한 이야기지 다른 것은 없다.

우리가 6년을 공부했다 하는 것과 그런 공부를 안 하고 그냥 살았다 하는 것은 다르다. 반드시 6년을, 또는 10년을, 또는 12년을 어떻게 해도 좋은데 그렇게 미리 정해놓아야 한다. 미리 12년을 정해 놓아야 한다. 경제계획 5개년 하면 5년 후에는 수출을 얼마를 하겠다고 정해야 한다. 하이데거의 말로 하면 "선구적 결단"이다. 미리 정해놓는 것이다. 미리 정해 놓고 해가는 것이다. 박사를 하는데 6년이 걸린다 하면 6년을 정해놓고 어떻게든 그 안에 박사를 해야 한다.

난곡蘭谷 김응섭金應燮 선생한테 붓글씨를 배웠는데 한 학기 동안 해서楷書라면 해서를 가르쳐준다. 그래서 자꾸 붓글씨를 쓰게 하는데 맨 마지막 주에 가서 시험을 친다. 시험을 쳐서 합격을 하면 끝을 내고, 합격을 못하면 또 한 해 낙제다. 낙제해서 또 안 되면 또 한 해를 해야 된다. 합격을 했다는 말이 결국 시간 공간이 곱해진 것이다. 일 년이면 일 년 동안에 그 학문이 완성되는 것이다. 그러니까 반드시 우리가 어떤 결심을 하고서 해야지 그렇지 않으면 10년, 20년, 30년을 하고도 되지 않는다. 언제나 선구적 결단이라는 것이다. 하이데거의 말인데 그 말이 참 좋다고 생각한다. 만일 논문을 쓴다 하면 그것을 방학 때 끝내야 되겠다 하고 써야지 그렇지 않고 쓰면 10년을 가도 끝이 나지 않는다. 이것은 여러분이 경험해보면 다 아는 일이다.

『법화경 강해』 206~08쪽

내가 보물이다

마음이란 별것이 아니다. 보물이 든 창고일 뿐이다.
내 속에는 보물밖에 없다는 것이 즉심즉불卽心卽佛이다.
창고로 가 보아라(즉심卽心).
보물을 만나게 될 것이다(즉불卽佛).
그것이 마조馬祖의 지침이었다.
창고로 들어가라(직지인심直指人心).
네 집으로 돌아가라.
세상 사람들은 왜 이렇게도 오래 길바닥에서 헤매고 있는가.
왜들 집으로 돌아가지 않지?
집은 어디가 집일까? 하늘나라가 집이지.
부처님을 만나려면 마음속으로 들어가야겠지.
천국으로 가는 길을 묻는 사람에게
시냇물 흐르는 소리로 들어가라고 했다잖아.
시냇물 흐르는 소리가 어디지?

내 마음이 있는 곳이지.
천국과 지옥은 생각할 탓이다.
당장 선을 생각하면 거기가 천국이고,
당장 악을 생각하면 거기가 지옥이다.
지금 이 마음이 마음이지.
그래서 마조는 이런 대답을 한 것이다.
"지금 당장 나에게 묻고 있는 네가 보물인 거야."
마음이 곧 부처란 말이다.

월간 『사색』 67호 〈벽암록〉

제4장 스승

스승의 모습

세계의 정상, 히말라야 정상에 태극기가 휘날렸다. 무서운 빙벽과 고요한 빙호氷湖와 넘치는 빙하가 8848m 에베레스트의 모습이다. 옛 사람은 이 산을 설산雪山이라 했고, 이 설산은 가끔 스승에 비유되었다.

위대한 스승에게는 빙벽氷壁과 같은 의義와 불의不義를 판가름하는 무서운 정의감이 감돌고 있다. 그리고 얼음같이 차가운, 참과 거짓을 판가름하는 고요한 진리감이 깃들어야 하고, 빙호같이 넘치는 삶과 죽음을 판가름하는 자비감이 흘러내려야 한다. 무서운 정의와 고요한 진리와 넘치는 자비가 하나가 될 때 위대한 스승은 이루어진다.

스승은 율법의 화신이요, 진리의 화신이요, 사랑의 화신이다. 그런 의미에서 스승은 법사요, 교사요, 약사다. 인생을 심판하는 법사요, 학생을 가르치는 교사요, 중생을 구제하는 약사다.

법을 맡은 왕과 진리를 맡은 예언자와 대속 제물을 불사르는 제사장이 합쳐진 것이 그리스도다. 그들에게는 무서운 의와 차가운 진리와 뜨거운 사랑이 합쳐서 하나의 스승을 이룩한다.

인생을 초월한 법사와 중생을 초월한 약사와 학생을 초월한 교사는 시간을 초월하고, 공간을 초월하고, 인간을 초월한, 영원한 존재다. 니체는 실존은 땅의 뜻이라고 한다. 대승은 중생의 열쇠다. 이 열쇠 없이 중생은 구원받을 가망이 없다. 대승이야말로 중생을 구원할 수 있는 힘이요, 빛이요, 뜨거움이다.

눈에 덮인 히말라야는 영원히 구름이 덮이고 얼음에 덮여 범인凡人의 접근을 불허한다. 다만 거기서 흘러나오는 물만이 오대양 육대주를 푸르게 한다. 우리가 그들에게서 받는 것은 넘치는 사랑뿐이다.

그러나 사랑의 배후에는 한없는 무서운 실재가 있다. 한없는 높은 인격과 한없는 높은 지혜와 한없이 넓은 사랑이 하나가 되어, 하나의 스승의 모습을 아로 새긴다. 8848m의 에베레스트, 네 모습이야말로 위대한 스승의 모습이다.[1]

『하나님 나라가 땅 위에서도 이루어지이다』 102~03쪽

---

[1] 이 글은 현재 김흥호 선생이 에베레스트에 태극기가 꽂인 뉴스보도를 보고 쓴 것으로 주일 예배 주보에 수록한 글이다. 1982년 1월 31일 이화여대 대학교회 주일 예배에서다. 그날 "예수 그리스도를 에베레스트라고 생각하고 쓴 글입니다. 물론 예수님께서는 에베레스트는 못 보셨지만 헬몬 산은 언제나 바라보았답니다. 사람은 산을 보다가, 산을 걷다가, 산이 됩니다"라 하셨다.

선생과 학생

세상에는 깨달은 사람이 있어야 한다.
깨달은 사람이 있어야 행복하고 흠이 없다.
그리고 정직한 사람이 있어야 한다.
정직한 사람이 있어야 무엇을 하든지 잘 된다.
공자는 언제나 선생과 학생을 두고 생각했는데
세상에는 깨달은 선생이 있어야 하고,
정말 정직하고 정성을 다하는 학생이 있어야 한다고 했다.
이 두 가지가 없으면 세상이 바로 되지 않는다.

『주역 강해』 2권 173쪽

생을 넘어선 사람

선생이란 생을 넘어선 사람이다.
생을 넘어섰다고도 하고, 사를 넘어섰다고 해도 좋다.
생사를 넘어섰다는 말은 육신을 초월했다는 말이다.
육신은 시간에 갇혀 있다.
육신을 넘어선 존재만이
시간을 넘어서고
생사를 넘어서고
세상을 넘어서고
사람을 넘어선다.

『문학 속의 철학』〈칼라일〉 330쪽

내 정신의 칼날

선생이 되어 학생을 가르친다고 하는 것이 굉장히 중요하다. 학생을 도와준다는 뜻도 있지만 자기가 자기의 머리를 닦는 것이다. 사람의 정신은 칼날과 같다. 칼날은 언제나 갈아야 반짝반짝 빛이 나지 갈지 않으면 녹슬고 만다. 성경을 본다는 것은 다름 아니라 우리의 정신의 칼날을 가는 것이다. 칼날을 숫돌에 가는 것이다. 이런 숫돌을 가져야 갈 수가 있지 그렇지 않으면 갈 수가 없다.

세상에서 가장 어려운 책이 성경이다. 동양의 고전 중에서는 주역이 가장 어렵다. 이렇게 어려운 책이 굳은 숫돌이다. 이 숫돌에다 자꾸 갈아야 내 정신의 칼날이 빛나게 된다. 그래서 언제나 성경을 읽고 고전을 연구해야 된다. 성경이 중요하고 고전이 중요해서가 아니라 내가 중요한 것이다. 내가 내 정신을 빛나게 하려고 하니까 성경과 고전이 중요한 것이다.

『주역 강해』 3권 217쪽

가난한 마음

우선은 마음이 가난해야 한다. 마음이 가난해야 마음이 뚫리지, 마음에 교만이 있으면 마음이 뚫리지 않는다. 어떻게 하면 마음이 가난해지는가? 마음이 가난해지는 방법은 배우려고 생각하는 것이다. 그래서 나는 늘 선생을 가져야 한다고 한다. 선생을 가지는 것이 마음을 가난하게 만드는 비결이다. 선생을 가지면 자꾸 배울 생각을 하니까 마음이 가난해진다. 그래서 마음이 뚫린다는 것, 그것이 가장 중요하다. 직지인심直指人心이다. 마음이 뚫리는 것이다. 마음이 가난해지는 것이다. 마음이 깨끗해지는 것이다.

『주역 강해』 3권 246쪽

큰 선생님을 붙잡아야 한다

마음을 가라앉히기 위해서 제일 중요한 것은 황중삼매黃中三昧이다. 황중삼매란 대승기신大乘起信이다. 선생님을 붙잡아야 한다. 선생님을 붙잡아야 마음이 가라앉지, 선생님을 붙잡지 못하면 마음이 가라앉지 않는다. 선생님도 큰 선생님을 붙잡아야 한다. 기독교로 말하면 큰 선생님이신 예수 그리스도를 붙잡아야 한다. 그런데 예수 그리스도를 붙잡기 전에 예수 그리스도에게 가게 하는 선생님이 필요하다.

내가 늘 말하는데 나는 그래도 운이 좋아서 유영모柳永模 선생님을 붙잡았다. 유영모 선생님을 붙잡으니까 마음이 놓였다. 왜 마음이 놓이나? 유영모 선생님은 38년 만에 믿음에 들어갔다. 세상에서 믿음에 들어간 사람을 찾기는 정말 어렵다. 그래서 "아, 이 사람은 믿음에 들어갔으니까 이 사람이면 되겠다. 이 사람은 붕 뜬 사람이다. 이 사람만 붙잡고 가면 될 것 같다." 그래서 황중삼매, 나는 6년 동안 유영모 선생님의 말씀 속으로 들어가서 선생님의 말씀을 통해서 성경 말씀을 알고자 한 것이다.

『원각경』 46~7쪽

선생님의 한 말씀

우리가 교회 다니면서 그래도 좋았던 것은 다른 것보다도 훌륭한 선생님들을 많이 만났다는 거다. 지금까지 잊히지 않는 분은 도산島山 안창호安昌浩 선생[1]이다. 안창호 선생의 설교를 들었다는 거, 그거 정말 일생 잊을 수 없는 일이다.

그리고 고당古堂 조만식曺晚植 선생[2]이다. 조만식 선생은 언제나 머리를 빡빡 깎고, 무릎까지 오는 두루마기를 입었는데 그때

---

1. 안창호(安昌浩, 1878~1938)는 대한제국의 교육개혁운동가 겸 애국계몽운동가이자 일제 강점기의 독립운동가, 교육자, 정치가이다.(위키백과) 현재鉉齋 김흥호 선생은 17세로 중학교 3학년때 평양 남산현 교회에서 도산 안창호 선생의 〈나아가자〉라는 강연을 들었다.
2. 조만식(曺晚植, 1883~1950)은 한국의 독립운동가이자 일제 강점기의 교육자·종교인·언론인·시민사회단체인·정치인이다. 22세 이후 상업과 종교활동에 종사하다가 1919년 3.1만세운동과 중국 출국실패 등으로 투옥당하기도 하였다. 오산학교에서 교사와 교장으로 교편을 잡기도 했다. 일제 강점기하에 교육활동과 물산장려운동·국내민간 자본으로 대학설립 추진 운동인 민립대학 기성회 운동, YMCA 평양지회 설립, 신간회 등을 주도하였다. 1946년 1월 평양 고려호텔에 감금된 뒤 한국 전쟁 중 공산군의 세력에 의해 살해되었다. 국산 물산장려운동과 일본 제품 불매운동을 적극적으로 주도하여 조선의 간디라는 별칭이 붙기도 했다. 평안남도 강서군에서 출생하였으며, 아호는 고당古堂, 본관은 창녕昌寧.(위키백과).

왜 그렇게 했나 하면, 될 수 있으면 물자를 아끼자 해서, 두루마기를 해도 길게 질질 끌리도록 하지 말고 무릎 위까지 짧게, 요새 반코트 식으로 짧은 두루마기를 늘 입고 다니셨다.

그런데 그 선생님을 보면, 악의라곤 하나도 없었다. 그저 보면 어린 아이 같은 그런 분이셨다. 해방되자 선생님을 찾아가서, 해방되었는데 뭘 해야 할까요 그랬더니, "가르쳐야지." 그저 그거 한 마디셨다. 그런데 그 한 말씀이 내게는 깊이 인상을 주었다. 그래서 나는 지금도 가르치고 있다. 그때 선생님이 뭐라 다르게 하셨으면 나는 아마 다른 일을 하는 사람이 되었을 것이다. 선생님의 한 말씀, "가르쳐야지. 한 사람이라도 붙잡고 가르쳐야지. 다른 거 뭐 할게 있나. 그러니까 네가 가르치는 길로 나가라." 그래서 내가 해방되고 제일 먼저 한 일이 용강에 중학교를 하나 세우기 시작했던 것이다. 그때 우리 시골, 용강에는 중학교가 없었다.

『구약전서 강해』 제9강(미출간)

정인보 선생

정인보鄭寅普 선생[1]을 만나러 갔을 때 그분은 나에게 김구金九 선생[2]을 찾아가자고 했다. 김구 선생을 만나러 가는데 독립문에 오니까 차에서 내리라고 했다. 그리고는 걸어가는데 경교장까지 걸어갔다. 그리고 경교장 대문에서는 신발을 벗었다. 신발을 벗고 걸어 들어가서 김구 선생이 계신 방에 들어가자 그냥 바닥에 무릎을 굴하고 큰절을 올렸다. 김구 선생은 의자에 가만 앉아서 그 절을 받았다. 나도 절하라고 해서 절을 올렸다. 그 태도를 보면 정말 장엄하다고 할까, 엄숙하다고 할까, 그런 것이 있었다. 정인보 선생은 항상 옥색 모시 두루마기를 입고 다니셨는데 정말 선비의 모습이었다.

---

1. 정인보(鄭寅普, 1893~1950). 아명은 경업經業. 자는 경시經施. 호는 위당爲堂, 담원薝園, 수파守坡, 미소산인薇蘇山人. 상하이上海에서 박은식, 신채호와 함께 동제사同濟社를 조직하여 동포 계몽에 힘썼으며,『동아일보』논설위원으로 일본 총독부의 정책을 비판하였다. 저서에『조선사 연구』,『담원 시조』,『담원 문록』따위가 있다. (표준국어대사전)
2. 김구(金九, 1876~1949)는 일제강점기 독립운동가이자 대한민국의 종교인, 교육자, 통일운동가, 정치인이다. 의열단체 한인애국단을 이끌었고 대한민국 임시 정부 주석을 역임하였으며 1962년 '건국훈장 대한민국장'이 추서되었다.(위키백과)

김구 선생을 만나는데 어떻게 차를 타고 가느냐는 것이다. 그래서 독립문밖에서부터 걸어갔다. 그리고 대문간에서는 신발을 벗었다. 방안에 들어가서는 또 바닥에 엎드려 절을 했다. 그렇게 김구 선생을 높이 받드는데 얼마나 높이 받드는지, 나는 그것을 볼 때 "야, 정인보 선생이 우리나라 애국자에게 대하는 태도가 정말 대단하구나" 했다. 정인보 선생의 그런 태도에 정말 감복했다. '이 사람의 철학을 내가 배워야겠다' 그래서 결국 연세대학에 있는 홍 선생과 같이 양명학陽明學을 배우게 되었다. 정인보 선생의 무엇인가 그 인상이 우리에게 주는 것이 보통이 아니었다. 양명학의 내용이야 다 잊어먹었지만 그 사람의 태도, 그 풍겨주는 인상이 보통이 아니었다. 역시 그런 데 사람은 감복하지 않을 수 없다. 어떻게 그렇게 독립문에서부터 걸어가는가. 김구 선생은 보지도 않는데 말이다. 무엇인지 나는 정인보 선생을 만났을 때 느끼는 것이 참 많았다. "초발심시初發心時 편성정각便成正覺"이다. 그래서 정인보 선생에게 배운 양명학을 가지고 지금도 밤낮 말하게 된다. 그 선생을 만나지 못했으면 양명학이라는 말도 몰랐을 것이다.

『법화경』 317~18쪽

스승의 사랑

　누구에게든지 손가락을 하나 올려보였는데 그것은 한없이 깊은 사랑이다. 그 사람에게 진리를 깨닫게 해주기 위한 선생님의 자비심이 우러난 것이다. 우주가 생긴 이래로 누가 이런 진정한 사랑을 가졌겠는가. 구지俱胝라는 선사는 진짜 사랑을 가졌던 사람이다.

　일찍이 넓고 깊은 캄캄한 바다를 향해서 부목浮木을 띄워주었다. 이것이 무슨 말인가 하면 손가락을 잘라서 떨어뜨려 주었다는 것이다. 손가락이 말하자면 부목인 셈이다. 그래서 밤에 물결이 휘몰아치는 이 혼탁한 세상에서 눈먼 거북들이 부목을 만나 구원되는 사랑이다.

　부목을 기독교로 말하면 십자가다. 십자가를 떨어뜨려서 거기에 붙는 모든 죄인들을 구원해준다는 그런 생각이다. 옛날부터 이 시詩도 유명하고, 부목맹구浮木盲龜라는 이야기도 유명하다.

　오늘 이야기에서 제일 중요한 것은 선생을 만나야 된다는 것이다. 선생을 만나야 되는데 선생을 만난다고 되는 것은 아니고 반드시 거기에 시절인연時節因緣이 있다. 때가 있는 것이지 아무 때나 되는 것은 아니다. 시절인연이란 공자의 말로서 소위 시중時中이라는 것이다. 그때에 딱 들어맞아야 된다는 것이다. 거북의 배꼽눈과 뱃조각의 구멍이 딱 들어맞아야 되지, 그것이 들어맞지 않으면 아무리 뱃조각 밑창을 돌아다녀도 안 된다. 그런 것을 중국 사람들은 시중이라 했다. 『법화경』 487쪽

지知의 빛을 비춰주는 선생님

부처는 무엇 하는 사람인가? 지知의 빛으로 사람들을 비춰준다. 부처라는 말은 요새로 말해서 선생님이다. 선생님이 무엇 하는 사람인가? 지의 빛을 비춰주는 사람이다. 수학이면 수학의 빛, 생물이면 생물의 빛, 다 비춰주는 사람이 선생님이다. 그러니까 부처라는 말이나 선생님이란 말이나 같은 말이다. 그래서 불교는 선생님 교敎라고도 한다. 선생님은 지광知光이다. 지의 빛으로 모두 다 비춰준다. 그리고 보사척제사악견普使滌除邪惡見, '척제滌除'는 더러운 것을 씻어주고 하수구의 막힌 것을 꺼내어 뚫어주는 것이다. 우리의 마음이 죄로 꽉 들어 막혔다든가, 욕심으로 꽉 들어 막혔다 하면 그것들을 다 끄집어내서 숨이 통하게 만들어주는 것이다.

『화엄경 강해』 1권 98쪽

지도자의 의무

진덕進德의 가장 핵심은 무엇인가? 충신忠信이다. 충忠은 가운데 중中 자와 마음 심心 자로 이루어진 글자다. 신信은 사람(인人)과 말(언言)이 하나가 된 것이다. 예술을 한다 하면 정성을 다하여 예술과 하나가 되는 것이 충신이다. 정성을 다해서 예술과 하나가 되고, 정성을 다해서 철학과 하나가 되는 그것이 충신이다.

주자의 주석을 보면 "충신忠信 주어심자主於心者 무일념지불성야無一念之不誠也"라고 했다. 마음의 주인이 되어야 한다. 마음에서 절대로 충과 신이 떠나면 안 된다. 충은 하나님에 대해서 충이고, 신은 사람에 대해서 신이다. 논어에서 공자가 "오도吾道는 일이관지一以貫之"라고 말할 때는 충과 신을 갈라서 생각했다.

그런데 주자는 충신을 마음의 주인이며, 무일념지불성無一念之不誠이라고 했다. 마음속에 하나의 생각도 진실하지 않은 게 없다. 즉 모두 진실하게 생각한다는 말이다. 쉽게 말하자면 깊이 생각하라는 말이다. 충신이란 깊이 생각하는 것이다. 무엇을 배우든지 깊이 생각하고 연구해야 한다. 학문을 한다면 가장 핵심을 붙잡아 학문과 내가 하나가 되어야 한다. 그것이 충신이다. 충이란 중심, 즉 학문의 핵심을 붙잡는 것이고, 신이란 내(인人)가 학문(언言)과 하나가 되는 것이다. 그것이 주자가 말한 무일념지불성無一念之不誠이다. 하나도 거짓이 없다. 허술한 것이 없다, 즉 핵심을 붙잡았다는 말이요, 진리를 깨달았다는 말이다.

수사입기성修辭立其誠 소이거업야所以居業也는 무슨 말일까? 유영모 선생은 수사修辭를 말씀을 고른다고 해석했다. 설교를 위해서 성경 말씀 중에서 골라낸다는 뜻도 있지만 유영모 선생은 강의할 때마다 무슨 말을 할까 하고 말씀을 골랐다. 『다석 일지』에는 유영모 선생의 한시漢詩가 무려 3천여 개가 나온다. 이것이 정말 수사修辭다. 말씀을 고른 것이다. 유영모 선생은 자신의 생각을 구체화하기 위해서 이런 말 저런 말을 잘 골라 시나 시조를 짓고, 거기에 깊은 뜻을 담았다. 깊은 뜻을 집어넣기 위해서 말씀을 고른 것이다. 이런 것을 수사라 한다. 수사입기성修辭立其誠이다. 말씀을 골라서 구현한 것이다.

유영모 선생은 언제나 백로지에 써서 YMCA 칠판에 붙여놓고 두 시간이고, 세 시간이고 계속해서 납득이 될 때까지 말씀하셨다. 말씀을 알아듣기란 결코 쉬운 일이 아니다. 그래서 유영모 선생은 언제나 생각을 깊게 해서 말씀을 쉽게 하셨다. '생각은 깊게' 그것이 진덕進德이요, '말은 쉽게' 그것이 수업修業이다. 그렇게 해서 듣는 사람이 알아듣고 이해해야 한다. 말씀을 골라서 듣는 사람이 완전히 이해할 때까지 설명하는 것이 '수사입기성修辭立其誠'이요, 이것이 '소이거업所以居業' 즉 지도자의 의무이다.

『주역 강해』 1권 54~5쪽

생각의 산을 오르다

사람이 자기의 마음을 맑히는 길은 생각하는 수밖에 없다. 내가 생각할 때 나는 있기 마련이다. 사람은 인생의 의미를 자각할 때 놀라게 되고, 우주의 원리를 탐구할 때 기뻐하며, 세계의 근거를 체득했을 때 한없는 보람을 느낀다. 사람은 이러한 탐구를 통해서 계속 자기의 마음을 맑혀 갈 수가 있다.

마치 산에 올라가는 사람처럼 산이 높아질 때 짐은 가벼워지고 공기는 맑아진다. 그리하여 드디어 산꼭대기에 올랐을 때 마음은 놓이고 기쁨은 넘친다. 이때에 발밑에는 힘이 생기고 온 세계는 빛으로 가득 차게 된다.

산꼭대기에 올라선 사람이 실존이요, 산꼭대기에서 보는 세계가 실상이다. 사람은 생각이 끝났을 때 가장 깨끗해지며 입장을 얻었을 때 제일 거룩해진다. 일체의 바람과 욕망이 사라지고, 달은 밝고 물가는 시원하다.

달은 중천에 떠오르고 찬 기운은 물결을 스치는데
이러한 깨끗한 맛을 몇 사람이나 알랴.
월도천심처月到天心處 풍래수면시風來水面時
일반청의미一般淸意味 요득소인지料得少人知

　사람은 생각만 하면 누구나 이런 경지에 들어갈 수가 있다. 이런 경지에 가기 위해서는 인생에 있어서 가장 소중한 것이 학문과 지식을 얻은 뒤에 스승과 진리를 찾는 것이다. 학교를 졸업하고 세상에 나가 학교에서 배운 이상과 세상에서 부딪치는 현실이 충돌할 때, 갈등과 모순에 견딜 수 없어 인생의 암초에 좌절하면서, 인생은 구원을 부르짖고 구조선을 기다리지 않을 수 없는 것이다.

　석가가 29세에 길을 떠나고, 예수가 30세에 광야로 가는 것은 다 스승을 찾고, 진리를 찾아가는 것이다. 마치 애벌레가 고치가 되기 위하여 높은 곳을 향해 올라가는 것과 마찬가지다. 사람은 생각하지 않을 수 없다. 여기에 인생의 고행은 시작되고, 인간은 자기를 맑히는 생각의 산을 오르게 되는 것이다. 이리하여 산꼭대기에 올라간 때가 실존이요, 실존에 비친 세계가 실상이다.

『생각 없는 생각』〈머리말〉

스승을 알아야 나를 알 수 있다

선생을 알기 전에는 자기를 알 수가 없다. 선생의 본체를 먼저 알아야 한다. 그렇지 않으면 자기의 본체는 알 수 없다. 어떻게 자기의 형상을 볼 수 있을까. 스승의 형상을 보기 전에는 자기의 형상을 볼 수 없다. 스승에게는 스승 고유의 형상이 있다. 스승 고유의 독특한 성격이 있다. 그 성격을 통해서 스승이 어떤 사람인지 알 수 있을 때에 내가 어떤 사람인지를 알 수 있다. 선생을 알았을 때 선생은 완전히 내 포로가 될 수 있고, 나를 알았을 때 나는 완전히 내 포로가 될 수 있다. 나를 완전히 사로잡았을 때 진리를 깨달은 것이요, 자유를 얻은 것이다.

설두는 "대장부선천위심조大丈夫先天爲心祖"라는 말로 끝을 맺는다. 대장부는 하늘보다 앞서 마음의 조상이 된다. 대장부는 스승보다 앞서 진리를 깨달을 수도 있다. 스승보다 더 진지하면 스승을 넘어서 먼저 자기의 모습을 볼 수도 있을 것이다. 세상에 스승이 없다고 하지 말라. 세상에 나만 못한 사람이 누구랴. 배우려고만 마음먹으면 일체가 스승이요, 모두가 스승이다.

   일체를 스승으로 모실 수 있다면 그때 나는 벌써 무아요, 스승보다 먼저 진리를 깨달은 것이다. 세 살 난 어린아이라도 내 스승이 될 수 있을 것이다. 그의 순진함을 무엇에 비할까. 어린애와 같지 않으면 천국에 들어갈 사람이 없다고 하지 않는가. 누구한테나 머리를 숙여라. 돌 앞에도 나무 앞에도. 돌도 나보다 굳고 나무도 나보다 크다. 세상에 나만 못한 것이 무엇일까. 흙이라고 나만 못할까. 흙은 나보다 두껍지 않느냐. 세상에 나만 못한 사람도 없고 나만 못한 물건도 없다. 일체 앞에 머리 숙인 사람만이 일체에 앞서 부처가 된 사람이다.

월간 『사색』 제84호 〈벽암록〉

이심전심以心傳心

선생이란 학생들을 생각할 때 남이라고 생각해서는 안 되고, 나는 학생들의 아버지이고, 학생들은 내 아들이라고 해서 하나의, 사랑의 공동체가 되어야 한다. 그러니까 소크라테스의 말처럼 선생이란 절대로 학생들한테 월급 받는 기계가 아니다. 월급은 학교 당국에서 굶어죽지 말라고 주는 것뿐이지, 내가 월급 받으려고 학교 선생을 하는 것은 아니라는 것이다. 정말 내 마음을 전하기 위해서 주는 것이고, 또 학생들로 말하면 선생의 마음이 어떤 것인지 그것을 받아야 한다. 그래서 정말 이심전심以心傳心이 되어야 한다. 그렇게 되어야 그것이 신통神通이다. 선생과 학생이 서로 마음이 통해야 된다는 것이다.

『법화경』 103쪽

평등과 지혜

선생님이란 정신적인 어머니이다. 선생님의 사랑은 절대적인 것이다. 어머니의 젖이 무한히 흘러나오듯이 선생님의 말씀도 무한할 것이고, 어머니의 손길이 부드럽듯이 선생님의 눈빛은 언제나 부드러워야 한다. 태양의 에너지가 무진장으로 쏟아지고, 달빛의 부드러움이 젊은이를 움직이듯 하나님의 사랑도 지도무난至道無難이요, 어머니의 사랑도 지도무난이요, 스승의 사랑도 지도무난이다. 아무것도 아낄 것이 없고, 잔소리할 필요도 없다. 그저 먹이고 그저 입히는 것뿐이다. 그 속에 사랑이 차있고 지혜가 빛난다.

사랑이 평등이라면 지혜는 차별이다. 똑같이 사랑하면서도 다 다르게 살려간다. 어린애는 어린애답게, 어른은 어른답게 같은 것을 먹이되 젖의 밀도는 큰 애와 작은 애가 또 다르다. 즉 같으며 다르고, 다르며 같다. 어머니의 젖에는 농도가 다르듯이 어머니의 사랑에는 지혜가 섞여있다. 어머니의 솜씨로 맛은 달라져도 그 손길에 따스함이 깃들어 있듯이 지혜 속에는 사랑이 가득 차있다. 젖과 손을 가진 어머니에게는 아무 문제가 없다. 어린애는 웃으며 자랄 뿐이다. 그것이 큰 길이기 때문이다.

월간 『사색』 43호 〈벽암록〉

너도 물이 되어라

　불교에서는 "어떻게 하면 됩니까?" 할 때 그저 "앉아라"라고 한다. 가만 앉아서 생각해보라는 것이다. 언제까지 생각하는가. 생각이 없어질 때까지 생각하는 것이다. 그래서 어떤 사람은 10년도 앉아 있고, 20년도 앉아 있고, 30년도 앉아 있다가 생각이 끝나는 순간에 각覺으로 태어나는 것이다.

　그런데 그렇게 생각하도록 가속도를 넣어주는 사람이 선생이다. 선생이 자꾸 이렇게 저렇게 이야기해주는 데서 생각이 자꾸 빨라지는 것이다. 그래서 나중에는 내 생각이 광속과 같아지면 그다음에 각이 되고 마는 것이다. 그 각에서 에너지라는 힘이 나오는 것이다.

　보통 불교에서는 흘러가는 물이 흘러가지 않게 되려면 물속으로 뛰어 들어가서 물과 같은 속도로 달려야 된다고 한다. 즉 "물이 되라"는 말을 많이 한다. 하이데거도 같은 말이다. "너도 물이 되어라" 하는 것으로 이 "된다"고 하는 사상이 강해지는 것이다. 그래서 되어야 한다고 한다.

서산대사西山大師에게 어떤 제자가 묻기를 "산에서 범을 만나면 어떻게 해야 합니까?" 했을 때 서산대사는 "어흥" 하고 범이 우는 시늉을 했다. 범이 되면 되지 않느냐는 것이다. 하이데거로 말하면 죽음을 어떻게 넘어섭니까 할 때 네가 죽음이 되면 된다는 것이다. 말은 달라도 다 같은 사상이다. 말하고자 하는 내용은 다 같은 것이다. 그래서 "되면 된다"고 하는 이 말은 광속과 같이 달려야 한다는 말이다. 광속과 같이 달리면 나는 물이 된 것이다. 내가 물이 될 때 각이 나오는 것이다. 명상(meditation)이 관상(contemplation)으로 되고 만다. 이 메디테이션을 도와주는 것이 선생님의 말씀으로서 성문聲聞이라 하고, 컨템플레이션이란 연각緣覺이다. 혹은 독각獨覺이라는 것이다.

『법화경』 79쪽

자기의 목을 잘라줄 수 있는 선생님

　진리를 찾기 시작한 지 30년을 지나왔다. 결국 성문聲聞으로 30년을 보낸 것이다. 30년 동안 칼을 가진 손님을 찾았다. 왜 칼을 가진 손님을 찾았는가? 자기의 목이 잘려야 되기 때문이다. 자기의 목을 잘라줄 수 있는 선생님을 찾아온 것이다. 덕산德山으로 말하면 불을 꺼주는 선생님을 찾은 것이다. 불을 훅 꺼주어서 캄캄한 속에 가만있으니 별빛이 환하게 나타났다는 것이다. 이것이 불교의 핵심이다. 그래서 우리가 불의 세계에서부터 각의 세계로 넘어가는 것이다. 이것이 가장 중요하다.

　자기의 불을 꺼줄 수 있는 선생님을 찾아서 선생님 밑에서 얼마를 보냈는가 하면 30년을 보낸 것이다. 30년 동안 선생님 말씀을 듣고 생각하고 생각하고 얼마나 많이 생각했겠는가. 그렇게 생각하면서 몇 번이나 가을이 지나가고 또 몇 번이나 봄이 왔는지 모른다. 그래서 결국 서른 번이 지나간 것이다. 30년이 지나간 것이다. 이다음에 나오는 법화경 4장에서는 50년이 지나간다는 말도 또 나온다. 그러니까 사람이 진리를 깨닫는다고 하는 것이 그렇게 쉬운 일이 아니다. 가을에 잎이 떨어지고 봄에 또 싹이 트는 일이 30번이 지나간 것이다.

그런데 복숭아꽃이 확 핀 것을 보게 되었다. 이것이 견색명심見色明心이라는 것이다. 한 번 복숭아꽃이 핀 것을 본 뒤에는 무슨 생각하는 세계가 아니다. 이제는 직접 보는 세계다. 이제 다시는 의심한다거나 생각한다거나 하는 것이 없어졌다. 어머니를 만났는데 무슨 의심하거나 생각할 것이 있겠는가. 직지인심直指人心이 된 것이다.　　　　　　　　　　　『법화경』 74~5쪽

줄탁지기啐啄之機

줄탁지기啐啄之機라고 하듯이 스승과 제자간의 비밀속의 비밀이다. 닭이 계란을 품고 21일이 지나면 병아리가 깨어 나온다. 닭과 계란의 비밀은 닭과 병아리도 모른다. 사람만이 알 수 있는 것이듯 스승과 제자와의 관계도 하나님만이 알 수 있는 비밀 중의 비밀이다. 깨달음은 닭과 계란도 알지 못하는 본능의 세계다. 그 사이는 사고와 말로 헤아릴 수 있는 세계가 아니다. 어린애를 낳는 순간은 아무도 모른다. 다만 어머니에게 느껴지는 진통을 통해서 때가 가까워 옴을 알 뿐이다.

이러한 비밀은 스승과 제자, 부모와 자식, 친구와 친구, 개인과 사회, 국가와 민족, 어디서나 일어나는 나와 너의 만남이다. 그것은 무심無心의 묘창妙唱이요, 무작無作의 영기靈機로서 함 없이(무위無爲) 하고(위爲), 길 없이 가는 줄탁啐啄의 비밀이다. 줄탁의 세계는 인위적인 세계가 아니다. 그것이야말로 자연적인 참 생명의 세계요, 본능의 세계다. 그 세계는 아무도 모르는 비밀의 세계다.

진리를 찾기 전에 선생을 찾아라. 선생을 찾을 것도 없다. 선생이 벌써 내 앞에 와 있지 않느냐. 하늘에 계신 달님을 내려오라고 하기 전에 산을 싸고 있는 구름을 느껴봄이 어떨까. 진리를 깨닫기 전에 선생을 느낄 수는 없을까. 길은 언제나 가까운 데 있다. 이 세상에 꽉 차 있는 것이 길이 아닐까.

선생이란 나보다 먼저 난 사람이다. 내가 세상에 왔을 때는 벌써 40억 선생이 먼저 와있지 않은가. 내가 난 곳이 선생이요, 내가 난 때가 선생이요, 불조산하佛祖山河 일체중생一切衆生이 선생인데 선생 아닌 것이 어디 있을까. 일체가 나보다 앞서 난 선생들이다.

일체가 기성불旣成佛이요, 아직 부처가 되지 못한 것은 나 하나뿐이다. 줄탁지기란, 아직 부처가 되지 못한 것은 나 하나뿐임을 깊이 깨닫는 것이다. 내가 거의 깨달아가고 있다든가, 친구들보다 내가 낫다든가 하는 생각을 가진 얼간망둥이는 100년이 지나도 부처가 못된다. 비밀이란 별것이 아니다. 바보 천치는 나뿐이라는 것이다. 그것이 비밀이요, 그것만이 창피하고, 그것만이 부끄러운 일이다. 스승도 자기가 제일 못난 줄을 알고, 제자도 자기가 제일 못난 줄을 알고 서로 사력을 다하여 노력하면 줄탁지기를 얻을 수 있을 것이다.

진짜 선생님들은 독특한 가풍을 가지고 있다. 고추가 맵고, 초가 시듯 그들의 태도는 진지하기 짝이 없다. 그들의 가르침에는 거짓이 없고, 억지가 없다. 거짓으로 매울 수도 없고, 억지로 매울 수도 없다. 매운 것이 그대로 자연이듯 스승의 자비심은 대자대비大慈大悲로 추호의 거짓이나 억지가 없다. 제자를 만나 치기도 하고, 어떤 때는 칭찬도 하면서 모든 사람을 끌어내자는 진정뿐이다. 줄탁지기는 아들도 모르고 어미도 모른다. 다만 생사를 넘어선 진지함이 있을 뿐이다.

자칫하면 어미가 죽을 수도 있고, 아이가 죽을 수도 있다. 줄탁지기는 위기일발을 넘어서는 아슬아슬한 세계다. 교육은 제자를 깨닫게 하려 한다고 되는 것이 아니고, 선생을 따라다니기만 해서 깨닫는 것도 아니다. 깨달음은 사제師弟 안에 있으면서 사제를 넘어서는 기막힌 세계이다. 자모불상지子母不相知이다. 어미 닭도 계란도 언제 깨날지 서로 모른다. 부모가 아무리 애를 써도 자식이 언제 철들 것인지는 전혀 알 수가 없다. 인류가 언제 철이 들 것인지는 신도 아는 바 없으리라. 다만 사느냐, 죽느냐 하는 아슬아슬한 순간만이 있을 뿐이다. 계란이 할 수 있는 것은 생각하는 것뿐이고, 어미 닭이 할 수 있는 것은 사랑하는 것뿐이다. 어미 닭이 알을 품듯이 더욱 사랑하고 더욱 사랑하여(중조박重遭撲) 스스로 깨어 나오기를 기다릴 뿐이다. "이 바보 자식!" 하고 경청鏡淸이 때리는 것도 사랑의 한 표현이다. 바보자식(초리한草裏漢)이라 했다고 그것을 우습게 생각하지 마라. 바보 속에 부처가 있는 것을 경청이 보았기 때문이다.

진리는 평범함 속에 있다. 효가 효도라는 명분 속에 있는 것이 아니라 모자의 실제 정 속에 있듯이 불도는 깨닫는 데 있는 것이 아니라 사랑 속에 있다. 도덕이니 종교니 거추장스런 것이 다 없어지고 적나라한 인간이 부딪치는 곳에 줄탁이 있고, 깨달음 없는 깨달음과 바보 아닌 바보가 늘어난다. 잡초 우거진 그 속에 이슬이 빛나듯 초리草裏 속에만 경청鏡淸이 빛난다.

월간 『사색』 59호 〈벽암록〉

유영모 선생님

다석 유영모 선생님은 52세에 요한복음 8장 1절을 읽고 북한산 비봉 밑으로 들어가셨다. 문수계곡에서 흘러나오는 물과 비봉에서 흘러내리는 물이 마주친 곳에 자리를 잡았다. 왼편으로 보현봉이 솟고, 서남으로 인왕산 줄기가 보이는 곳이다. 학교 졸업장은 하나도 못 가졌으나 그래도 초등학교도 가보고, 경신학교도 가보고, 일본 동경에 무슨 학교도 가보고 학교 구경은 꽤 많이 하신 것 같다. 그러나 진짜로 학교에 가보기는 정주 오산학교인데, 초대 교장이 이승훈, 2대가 조만식, 3대가 유영모이다. 그때 교직원으로는 춘원 이광수가 있었고, 학생으로는 4학년에 함석헌이 있었다.

내가 유 선생님을 처음 뵌 것은 서울역전 기독교청년회 총무 현동완 씨 댁에서 모인다는 일요집회에서였다. 나는 그때 정인보 선생이 주관하는 국학대학에서 철학개론을 강의하고 있었다. 국학대학에는 양주동, 방종현, 이숭녕 같은 국문학 선생들이 여러 분 보였다.

나는 아직 이십대의 어린 나이로 하룻강아지 범 무서운 줄도 모르고 대학 강단에 서곤 하였다. 학생들 가운데는 오십대의 나이든 분도 있었는데, 그들은 한학을 오랫동안 전공했고 정인보 선생을 존경하여 국학을 이룩하기 위해 모인 분들이었다. 그분들 가운데는 『주역』을 줄줄 외우는 사람들도 있었다.

나는 동양 것을 좀 알아야겠다고 생각하기 시작했다. 정인보 선생에게서 가끔 양명학에 관한 말씀을 들었다. 그런데 그것으로는 부족하여 춘원 이광수를 찾았다. 그분은 유영모 선생을 소개하면서 선생님은 시계 같은 분이라고 말했다. 정인보 선생께서도 유영모 선생 말씀을 하셨다. 속으로 유영모가 어떤 사람인가 하고 퍽 궁금해 하던 차에 길가에서 조영재 목사를 만나 우연히 말이 유영모 선생에 미치게 되자 현동완 씨 댁에서 집회를 한다고 알려주었다.

나는 용기를 내어 서울역전 철도관사로 유영모 선생님을 찾아갔다. 굵은 돋보기를 쓰고 한복을 입고 성경을 읽으시며 강의를 하셨다. 도중에 일식日蝕이 있어서 강의를 하시다가 멈추고 모두 마당으로 나가 보았다. 어느 날인지는 모르나 하여튼 1948년 봄 일식하는 날이었다.[1] 다시 들어와 천문 기상에 관한 이야기

---

1. 1948년 5월 9일, 금환일식이 있었다고 함. 지상에서는 개기일식으로 보였다고 함. 1948년 5월 9일 일식은 달이 지구와 태양 사이를 지나면서 태양을 다 가리지 못하고 태양의 가장자리가 고리 모양으로 보이는 금환일식이다. 금환일식은 달의 시직경이 태양의 시직경보다 작아 태양을 다 가리지 못할 때 일어난다. 금환일식은 매우 좁은 지역에서만 관측 가능하며, 대부분의 다른 지역에서는 부분일식으로 관측된다.(위키백과)

도 많이 하셨다. 나는 맨 마지막까지 앉아 있다가 선생님께 이런 질문을 하였다.

"선생님, 하나 둘 셋이 무엇입니까?"

내가 왜 그런 질문을 했는지 모르겠다. 아마 그때는 그런 것을 가지고 많이 생각했던 것 같다. 그 질문에 대하여 선생님께서 무엇이라고 열심히 설명을 해주셨지만 나는 아무것도 이해하지 못하고 다만 무엇인가 선생님께 끌려서 그다음 주일에도 다시 서울역전에서 모이는 선생님 집회에 나갔다. 이후로 한 번도 빠지지 않고 갔다.

선생님의 강의는 향린원에서도 있었고, 청년회에서도 있었고, 나중에는 선생님 댁에서도 있었다. 다른 데서는 대개 두 시간 정도 말씀을 하는 것이 보통이었으나 댁에서는 늘 길어지곤 하였다. 언제나 아침 일곱 시에 시작했다. 나는 집이 신촌에 있었는데, 그때는 별로 탈것도 마땅치 않아 언제나 다섯 시에 집을 나서 두 시간을 걸어가면 겨우 일곱 시에 댈 수 있었다. 그때는 『노자익老子翼』을 읽어갔다.

선생님은 아무것도 깔지 않고 딱딱한 온돌방에서 무릎을 굴하고 대여섯 시간씩 천연덕스럽게 앉아 계셨다. 나는 방석을 깔고도 5분만 앉아 있으면 다리가 저려서 아무 감각도 없는 것 같았다. 그래도 선생님 앞에서 굴하고 앉는 공부를 열심히 했다. 그럭저럭 나도 방석을 깔고는 몇 시간씩 앉아 있을 수 있게 되었다.

한번은 선생님과 우리 몇 사람이 북한산에 등산을 갔다. 선생님은 점심을 두 개나 준비해 오셨다. 산에 올라가서 선생님은 하나도 잡숫지 않고 점심을 가져오지 않은 사람들에게 나누어주셨다. 산에서 내려왔을 때 우리는 고단함을 견뎌낼 수가 없었다. 그래서 선생님께 '얼마나 힘이 드시냐'고 했더니 선생님 말씀이 자기는 어제도 인천에 볼일이 있어서 걸어갔다 왔는데 오늘 또 산에 올라왔지만 조금도 피곤한 줄을 모르겠다고 하셨다. 옆에서 듣고 있던 함석헌 씨가 주먹을 불끈 쥐면서 선생님은 어제 저녁 한 끼 잡수시고도 오늘 산길을 팔팔 나는데 나는 세끼씩 먹고 이것이 무엇이람 하고 무슨 결심을 하는 것같이 보였다. 그 후에 들으니 함 선생이 한 끼를 먹는다는 소문이 났다. 나도 한번 해볼 생각으로 한 8일간 한 끼를 먹었다. 어떻게 기운이 없고 죽을 것 같은지 세상이 샛노래서 뱅뱅 도는 것만 같았다. 나는 그만 땅에 쓰러져서 그다음 날부터는 또 세끼를 꾸역꾸역 먹었다.

그 동안에 6·25가 터져 서로 길이 막혔다. 선생님도 인민군에게 잡혀서 총살을 당하는 줄 알고 최후를 각오하고 앉았는데 한참 있다 보니 인민군이 가버렸다고 한다. 그때 아무런 생각이 없었는데 무엇인지 손목이 자꾸 재릿재릿 하더라고 했다.

일제강점기 때도 붙잡혀간 일이 있었는데 그때도 아침에 일어나서 심상치 않은 것은 다 숨겨놓았는데 형사들이 들이닥쳐서 붙들려갔으나 별로 문제가 되지 않고 나온 적도 있었다고 한다.

선생님은 그때까지 여러 해를 하루에 한 끼씩 저녁에 식사를 하셨다. 그리고 자기 호를 다석多夕이라고 했다. 세끼를 합쳐서 저녁을 먹는다는 것이다.

매주 금요일 두 시부터 네 시나 다섯 시까지 종로 청년회관에서 성경강의가 있었다. 기독교 성경이 주였지만 유교 경전, 도교, 불교, 기타 가지각색이었다. 언제나 흰 종이에 먹으로 강의 요점을 적어서 걸어놓고 그것을 몇 시간씩 설명하셨다. 선생님 말씀이 너무도 괴팍해서 듣는 사람들은 몇 사람 정도에 불과하였다.

6·25 후에 청년회에는 화덕도 없어서 겨울에는 냉방에서 두세 시간씩 앉아 있었다. 선생님은 언제나 무명 두루마기에 털모자를 쓰고 헝겊으로 만든 책보자기에 헌 성경책과 먹으로 적은 백로지를 가지고 오셨다.

어떤 때는 나까지 결석한 적이 있었는데, 그다음 출석하여 지난 주일은 누가 왔었느냐고 물으면 아무도 없었다고 한다. 차차 나는 내 책임이 무거워지는 것을 느꼈다. 내가 결석하면 선생님이 이십 리 길을 헛걸음하는 것이 아닌가. 그 후부터 나는 될 수 있는 대로 결석하지 않기로 했다.

선생님은 어떤 때는 두 주일 동안 물 한 방울 밥 한술 드시지도 않고 금식하면서 청년회에 나오시기도 하였다. 선생님의 눈시울이 움푹 들어가고 혈색이 좋지 않았다. 그럴 때는 선생님 사모님이 언제나 뒤를 따랐다. 선생님은 칠판에 인도『바가바드기타』의 '단식인전생심소斷食人前生心消'라는 긴 시를 적어놓으시고 단식 후의 자기 체험담을 세밀하게 말씀해주셨다. 그때 앵두가 한창인데 앵두를 먹지 않고 보기만 해도 그대로 먹는 것 같은 느낌이라고 하셨다.

선생님을 따라 다닌 지 근 삼 년이 지난 어느 날 삼각산 보현봉 남쪽 큰 바위가 있고 폭포가 있는 곳으로 야외 예배를 갔다. 선생님은 「요한복음」의 "나는 길이요, 진리요 생명"이라는 구절을 설명하셨다. 그때 나는 내 귀가 뚫리는 것 같은 기분이 들었다. 선생님의 말씀이 무엇인지 이해되기 시작하였다.

그 후 나는 건강이 좋지 못하여 몇 번이고 죽을 고비를 넘겼다. 한번은 앓아누워 있는데 선생님이 호두를 사가지고 문병을 오셨다. 나는 병석에서 나의 불효를 깊이 아파했다. 나는 여러 가지 병이 겹쳐 내일이면 죽는다고 한 때도 있었다. 그러나 단 한 가지 나에게는 끊어지지 않는 것이 있었다. 그것은 생각이었다. 나는 무엇인가 계속 생각하고 있었다.

그 후 병이 조금 회복되어 선생님 집회를 나갔지만 이번에는 선생님이 돌아가신다고 야단들이었다. 선생님은 그전에 작별하는 강연을 여러 번 했다. 목요강좌라고 신문에 내고 해서 그때는 백여 명 청중이 모이는 때도 있었다. 나도 그때는 선생님의 마지막 강의를 보존하기 위하여 한 1년 속기사에게 의뢰하여 강의를 속기하기도 하였다.

선생님이 67세가 되던 4월 26일이었다. 그날은 선생님 댁에 오지 말라고 하여 집에 있었다. 지성껏 가르쳐주신 선생님이 오늘 세상을 떠난다고 생각하니 기가 막혔다. 나는 그 동안에 선생님께 배운 것이 무엇인가 하고 생각하여 한 서너 줄 적어보았다.

    4월 27일 선생님의 장례를 치르려고 터벅터벅 산길을 올라갔다. 자하문까지 걸어갔을 때 선생님이 책보를 들고 이쪽으로 걸어오고 있었다. 나도 아무 소리 없고 선생님도 아무 말씀이 없었다. 그날이 금요일이었던가 보다. 청년회 집회에 나오시고 계셨다. 나는 청년회의 컴컴한 방에 가서 내가 적은 몇 줄을 선생님께 보여드렸다. 선생님은 무언가 크게 긍정해주시는 데가 있었다. 4월 26일은 선생님이 죽은 날이 아니라 내가 죽은 것 같은 느낌이 들었다.

    그 후 나는 결혼 문제로 퍽 애를 썼다. 선생님은 말끝마다 결혼에 반대하는 태도였다. 나는 그때 심신이 극도로 허약해져 있었다. 물에 빠진 사람처럼 아무것이라도 붙잡고 싶었다. 그리고 오랜 길을 걸은 사람처럼 아무데나 들러서 좀 쉬고 싶은 기분이었다. 그때 내 앞은 너무도 캄캄했다. 올라가야 할 길은 한없이 높고, 나의 발은 한없이 무거웠다.

    육신의 연약을 이길 수가 없었던 나는 선생님과 인연을 끊기로 하고 결혼해서 우선 숨을 돌리기로 하였다. 선생님에게는 알리지도 못하고 다시는 선생님의 말씀을 못 들을 각오로 결혼을 한 것이다. 그러나 결혼은 했어도 생각은 끊어지질 않았다. 나는 또다시 고군분투하였다.

    그때 내가 파고든 것은 『주역』이었다. 매일 한 괘씩 종이 위에 그려놓고 종일 들여다보고 있었다. 어느덧 겨울도 지나갔다. 이른 봄 3월 17일 오전 9시 5분 골치가 좀 아픈 듯하여 책도 읽혀지지 않고 잠도 오지 않았다. 이럴 수도 저럴 수도 없어 나는 연필을 들고 종이 위에 무엇인가 적고 있었다.

> 단단무위자연성斷斷無爲自然聲
> 즉심여구토성불卽心如龜兎成佛
> 삼위부활영일체三位復活靈一體
> 천원지방중용인天圓地方中庸仁

나는 이 글을 통하여 무엇인가 보이는 것이 있었다. 나는 이 글을 가만히 보관할 수가 없었다. 선생님께 보이고 싶었다. 그러나 선생님께 갈 수 없었다.

이날부터 나에게도 한 끼가 시작되었다. 우선 조반을 끊었다. 일생 조반을 못 먹을 생각을 하니 눈물이 왈칵 쏟아졌다. 우선 일식一食은 12년으로 정했다. 그러한 준비로 우선 아침만 끊고 점심은 계속하다가 9월 초하루부터 시작할 것을 계획하였다. 마음으로는 오늘부터 시작하는 것이지만 우선 어머니와 아내에게 너무 고통을 주지 않기 위해서 다소 여유를 둔 셈이다. 결혼한 지 석 달도 못되어 한 끼를 시작할 줄 알았더라면 선생님의 의견대로 결혼을 안 했으면 얼마나 좋았을까. 그러나 이미 일은 저지른 후였다. 어떻게 할 수가 없었다.

6월 5일 『대학』을 우리말로 옮겼다. 그리고 용기를 내어 선생님 댁을 찾아갔다. 그리고 아무 소리 없이 국역한 『대학』을 선생님께 드리고 돌아왔다. 6월 12일 『중용』을 다시 우리말로 옮겼다. 그것을 또 선생님께 드리려고 선생님 댁을 찾아가니 선생님은 어떤 분과 말씀 중이셨다. 언뜻 옆에서 듣노라니 선생님은 이런 말씀을 하셨다. "이 글은 공자님께서 번역하셨어도 이 이상은 할 수 없을 것 같군요." 나는 선생님 손에 든 종이를 한번 넘겨다 보았다. 그것은 분명히 내가 적은 것이었다. 나는 다만 부끄럽다는 표시를 하였다. 그랬더니 선생님께서 "이것은 김 군이 하기는 했지만 김 군이 한 것이 아니오" 하고 나의 『중용』 국역도 받아보셨다.

　그 해 12월 12일에 나는 또다시 글을 지어 선생님께 보여드렸다. 그리고 그다음 봄에 나의 생각을 다시 정리해서 그것을 선생님께 보였더니 그다음 주간에 청년회에서 내 글을 칠판에 적어놓으시고 이 글은 영원히 없어지지 않을 글이라고 한 두어 시간가량 풀이를 해주셨다. 나는 손에 땀을 쥐고 선생님의 말씀을 열심히 들었다. 그 후 어떤 봄날 내가 선생님을 찾아가서 이런저런 이야기를 하고 있을 때 선생님은 나에게 호를 하나 지어주셨다.

　그 후 얼마 되지 않아 선생님이 이층에서 떨어져 수십 일을 혼수상태에 계셨다. 내가 서울대학병원에 선생님을 찾아갔을 때는 분명치 않은 의식으로 한 끼 먹는 말씀을 하셨다. 의식이 회복된 후에 또다시 강의는 시작되었다. 그러나 이번에는 같은 말을 자꾸 반복하는 것이 현저하게 드러났다. 그런데 선생님은 그것을 전혀 느끼시지 못하는 모양이었다. 어떤 때는 그전 주간에 말씀하신 것을 그대로 되풀이하실 때도 있었다. 나는 선생님께 강의를 중단하실 것을 요청하고 나도 선생님 강의에 나가지 않았다. 선생님은 30년 매주 금요일이면 청년회에 오셔서 하루같이 계속해오던 강의를 끊기가 섭섭하셨던지, 그 후 어디서든지 요청만 있으면 강의를 하셨다. 한동안은 적십자사 관사에서도 몇 해 강의하셨다. 나도 몇 번 찾아갔으나 역시 반복이 심했다. 그 후부터 나는 1년에 한두 번 선생님을 찾아뵙는 정도였다.

이후 선생님의 건강이 완전히 회복된 것을 느꼈다. 이번에는 내가 다시 선생님께 말씀해주실 것을 요청했다. 선생님은 쾌히 허락하셨다. 매주 토요일 아침 일곱 시만 되면 선생님 댁을 찾아갔다. 선생님을 처음 만날 때 나는 20대였다. 그런데 내 나이도 벌써 50대가 되었다. 선생님도 어언 팔십이 넘으셨다.

선생님의 하루는 새벽 몇 시에 시작되는지 모른다. 한글날에는 우리나라 바른 소리를 생각하시느라 아침 세 시 반부터 줄곧 깨어 계셨다고 한다. 그동안 세종대왕의 훈민정음은 선생님께로부터 여러 번 말씀을 들었다. 선생은 훈민정음을 하늘의 계시처럼 생각하신다. 그리고 이 백성이 정말 세종대왕의 뜻을 받들어 훈민정음을 바로 깨치게 되면 이 나라에 이러한 경사는 없다고 말씀하신다.

아침이 되면 으레 냉수마찰을 하신다. 그것은 거의 일생을 계속하시는 모양이다. 옛날 정주 오산학교에 계실 때도 냉수마찰은 매일 하신 듯하다. 그리고 으레 옛날 선비들이 집안에서 하는 운동 체조를 하신다. 그리고 낮에는 찾아오는 분들에게 말씀을 들려주시기도 하고 또 찾아가서 말씀을 들려주시기도 한다. 한 해에 한 번쯤은 전라남도 광주에 가신다. 광주의 동광원이라는 요양소에 가서서 한동안 묵으시면서 말씀하신다.

서울시내에서는 어디를 가시든지 걸어가신다. 인천도 걸어가셨다니 시내에서 걷는 것은 문제도 안 된다.

그리고 저녁때가 되면 24시간 만에 처음으로 저녁을 잡수신다. 나는 어느 날 저녁 잡숫는 것을 보기 위해서 일부러 저녁때 찾아갔던 일도 있었다. 밥 한 그릇에 배춧국 한 그릇 그리고 한두 가지 간소한 반찬이 있었다. 고기는 어느 정도 잡수시냐고 물었더니 일 년 가야 한두 근 먹을 정도라고 하셨다. 계란도 없었고 찌개도 없었다. 정말 소식이었다.

저녁엔 몇 시에 주무시는지 나는 모른다. 청년들과 다락원이나 기타 캠프에 가면 밤새도록 이야기하시기도 한다. 그러나 한 번 잠이 들면 깊은 잠을 잔다. 선생님께 가끔 꿈을 꾸시느냐고 물은 일이 있다. 꿈도 별로 안 꾸시는 모양이다. 하루에 몇 시간이나 주무시느냐고 물었더니 네 시간 주무신다고 하셨다. 침대는 두세 치 되는 나무 판때기인데, 그 위에 홑이불을 깔고 목침을 베고 누워서 주무신다. 마치 칠성판에 누운 것 같다. 선생님은 잠자는 것이나 죽는 것이나 거의 같이 생각하신다. 잠자는 것이 선생님에게는 죽는 일이다. 그리고 깨나면 또다시 새날을 산다. 그런 의미에서 선생님은 언제나 하루살이다. 선생님께는 어제도 없고, 오늘도 없고, 내일도 없다. 영원히 하루다.

선생님은 언제나 자기의 날을 세면서 살아간다. 67세까지 자기의 생은 끝이 났고, 그다음부터는 더 가짐으로 살아간다. 선생님은 언제나 갈 준비가 되어있다. 그리고 우리가 옆에서 보아도 이 세상에 대해서 아무 애착도 없는 것처럼 보였다. 이미 죽어서 사는 사람에게는 사는 데 아무것도 걸릴 것이 없을 것이다.

언젠가 선생님은 인생은 죽음으로부터라고 말씀하셨다. 그리고 인생 팔십은 어머니 뱃속의 열 달이나 마찬가지라고 하셨다. 마음눈은 결국 죽은 후에 필요할 것이요, 말씀 쉽도 육신의 코가 떨어졌을 때부터 제구실을 할 수 있을 것이라고 한다. 그때는 마음을 먹고 살 것이고 그때야말로 바른 소리를 듣고 살 것이라고 한다. 선생님은 지금 전생前生에서 살고 있다. 이 세상을 떠나가야 선생님의 현생이 될 것이다.

선생님은 열여섯에 예수 믿기를 시작했다. 예수를 그는 유일한 효자라고 생각한다. 하나님과 그는 일체라는 믿음이 꽉 들어있다. 믿음이란 하나님 아버지에 대한 효성이라고 생각한다. 그리고 죽음은 그대로 하나님과 같이 사는 관문으로 생각한다. 죽기 전에도 하나님 나라와 전화 연락 정도는 할 수 있지만 육신을 쓰고 있는 동안까지는 아무래도 자유롭지 않은 것으로 생각한다.

그러나 세상에 있는 동안까지는 자기에게 허락된 기한을 옹글게 채워야 한다고 생각한다.

사후의 세계에 대해서는 아무 말도 안 하시고 장횡거張橫渠의 「서명西銘」에 나오는 '몰이영沒而寧'이라는 말을 자주 하신다. 죽은 후에는 여하튼 편안할 것이라는 말이다. 그때는 묵시록 마지막에서 말하는 바대로 해와 달이 없고 집이 없어 하나님의 생명이 그대로 집이요, 하나님의 진리가 그대로 빛일 것이라고 한다. 선생님은 아버지 한마디에 그런 형이상이나 내세의 모든 문제를 포함시킨다. 아버지 품안에 드는 것뿐이다. 그리고 기독교가 아버지 종교란 말은 하늘의 종교지 세상에 속하지 않았다는 뜻이다.

선생님은 세상을 식食과 색色으로 표현한다. 그리고 대부분의 인생이 먹는 문제와 남녀 문제에 끌려 다니는 것을 가엾게 생각한다. 아버지란 별것이 아니다. 식과 색을 초월하신 분이다. 예수는 그런 의미에서 아버지의 외아들이라는 것이다.

사람은 우선 먹는 문제와 남녀 문제에 대하여 확실한 견해를 가져야 한다는 것이다. 식색에 끌리면 진리와는 멀다는 것이다. 선생님은 식색을 초월한 간디를 좋아하셨다. 그리고 가끔 간디 이야기를 하셨다. 그리고 간디뿐만 아니라 간디가 영향을 받았다는 톨스토이도 좋아하셨다. 그러나 누구보다도 선생님이 좋아하시는 분은 석가와 공자와 노자다. 『노자』는 선생님께서 번역도 하셨다. 월간 『사색』에 우리말로 옮긴 〈늙은이〉는 선생님 것이다. 그리고 『중용』도 번역하셨다. 우리들의 연경회에서는 『논어』는 언제나 선생님 입에 붙어 다녔다. 『시경』, 『서경』, 『역경』 등 동양의 고전들도 여러 번 강의하셨다. 그리고 불경도 자주 화제에 올랐다. 우리 모임에는 불교계 승려도 가끔 참석하였다. 그리고 성리학도 늘 말씀하셨다.

그러나 무엇보다도 그것들은 다 참고에 불과하며 언제나 흰 백로지에 적어 오시는 글은 선생님의 독특한 한글 풀이다. 『사색』에서 〈말씀〉이라는 부분이 선생님의 글이다.

선생님이 너무 여러 번 한글에 신비가 있다고 하셔서 요새는 나도 무엇인지 한글에 신비가 있지 않나 하고 생각하는 때가 있다. "이 따윗말은 그만두고 이 웃소리 듣소"라고 한다. 언뜻 들으면 무슨 말인지 모르나 선생님이 하시고자 하는 말씀은 '이 따(地)위(上)말 말고 이 웃(上)소리 듣소.' 즉 하늘 아버지의 바른 소리(정음正音)를 들으라는 말이다. 그리고는 산색종침묵山色終沈默 계광초투철溪光初透徹이라고 신나게 읊으신다. 인자요산仁者樂山이요 지자요수知者樂水란 뜻도 있지만 현상 세계는 어느 정도쯤 침묵을 지키는 것이 좋고, 절대 실재가 시냇물 흐르듯이 현상계를 뚫고 나타나기를 원한다는 것이다.

선생님은 '몸맘·맘몸'이라고도 한다. 몸은 그만하고 마음을 통일하라는 뜻이다. 그리고 인간은 정신으로 살아야 한다며 실제로 정신생활이 어떤 것인가를 보여주신다. 그것은 땅에 붙은 생활이 아니라 하늘에 속한 생활이요, 떡으로 사는 것이 아니라 말씀으로 사는 생활이다.

  선생님의 말씀은 이 꽃 저 꽃에서 모아온 꿀처럼 달다. 그리고 선생님 자신이 꽃 위에서 꿀을 따는 벌이 아닌가 싶다. '유정유일봉세계唯精唯一蜂世界'라는 선생님의 시가 있지만 선생님이야말로 한평생 벌들이 따다주는 꿀을 먹고 살아오신 분이다. 나는 선생님 자체가 벌처럼 느껴진다. 벌 세계야말로 이상세계라고 하지만 선생님의 세계야말로 이상세계인 것 같다.

  나는 가끔 선생님을 닭이라고 생각하기도 했다. 매일 한 알씩 알을 낳는 닭처럼 선생님은 매일 지혜가 넘쳐흐르는 말씀 한마디를 내어놓으신다. 우리들은 두어 시간씩 지혜의 향연에서 포식을 하고 돌아오는 길에는 '오늘도 알찌개로 배를 불렸다'고 농담을 하였다.

  어떤 때는 선생님을 시계라고 불러보기도 한다. 선생님처럼 그렇게 시간을 잘 지킬 수는 없다. 수십 년 강의를 계속했지만 지각을 하거나 시간을 어긴 일이 없다. 선생님은 시계 자체인지도 모른다. 하여튼 선생님은 무엇보다도 기체氣體인 것만은 확실하다. 선생님의 기체후는 언제나 일향만강하시다. 산에 오르면서도 힘든 줄 모르고, 굴하고 앉아도 발 저린 줄 모른다. 언제나 가볍게 걸으시는 선생님, 그리고 주무실 때는 우주의 기운을 통째로 몰아다 마시는 것 같은 선생님, 선생님은 가끔 성신을 숨님이라고 한다. 우리는 선생님 자신이 숨님인 것 같다. 숨어서 말숨 쉬는 숨님, 이것이 선생님을 제일 잘 표현했을지도 모른다.

선생님은 세상에 일하러 온 분이 아니다. 열 달 동안 어머니 뱃속에 숨어서 쉬러 오셨다. 팔십 평생 한숨 쉬고 깨는 그날 누구보다 힘차게 일하실 분은 선생님이 아닐까 생각된다.

월간 『사색』 14호 〈유영모〉

제5장 몰두

몰두

우리는 자꾸 생사·번뇌를 피하려 하고 싫어하지만 그걸 피할 게 아니라 그것에 정말 몰두하는 것이 낫다. 즉 고민을 피할 게 아니라 고민을 철저하게 해보는 것이다. 이것이 황중삼매黃中三昧다. 고민 속에 아주 몰두해 들어간다. 생사를 한번 체득한다. 삼매三昧, 삼마디(Samadhi) 즉 몰입하는 것이다. 황중삼매 해서 진리를 깨닫게 된다. 즉 통달실상지리通達實相之理다.

그러니까 진리를 깨닫기 위해서는 황중삼매가 불가결한 요소다. 그래서 생사生死가 성불成佛의 핵심이라는 말을 하게 되고, 이와 같은 뜻이 응무소주이생기심應無所住而生其心이다. 도저히 견딜 수 없는 고난을 겪고 나야 생기심生其心이다. 고난과 고통을 겪고 나야 그 마음이 가라앉지 그렇지 않으면 되지 않는다. 그래서 장자의 참만고일성순參萬古一成純을 쉽게 이해하도록 고古를 고苦로 바꾸었다. 만고萬苦에 참여하여 하나의 순純을 이룬다는 뜻인데 참만고일성순參萬苦一成純 하면 더 알기 쉽다.

자성명위지성自誠明謂之性은 고행을 통해서 이치가 밝아진다는 말이다. 결국 황중삼매黃中三昧 통달실상지리通達實相之理와 같은 말이다. 이치가 밝아지는 것을 견성見性이라고 한다. 이 견성은 고행 없이는 안 된다.

『주역 강해』 1권 95쪽

인간은 형이상학적 동물

인간은 형이상학적 동물이다. 그래서 형이상학적 문제를 가지게 된다. 이 문제는 누가 내준 문제가 아니라 자기 스스로 느껴서 생기는 문제다. 누가 고민하라 해서 하는 고민이 아니고 스스로 문제를 갖게 되어 생기는 고민이다. 그래서 그 고민을 누가 주었나 할 때 하늘이 주었다고 하는 것이다. 하늘이 한없는 고통을 준다. 맹자의 말이다. 예수는 십자가를 지고 골고다를 올랐다. 누가 지워준 것인가. 하나님이 지워주시니까 기꺼이 십자가를 지고 골고다언덕으로 올라간 것이다. 그런 문제는 자기 맘대로 되는 문제가 아니다. 고민을 하고 싶으면 하고, 그만두고 싶으면 그만둘 수 있는 그런 문제가 아니다. 안 하려고 해도 안 할 수 없는 그런 것이다. 그런 고민을 가질 수 있는 인간이기에 인간은 형이상학적 동물이다. 형이하학적 동물에겐 이런 문제가 생길 리 없다.

『주역강해』 1권 73쪽

근본경험

나는 처음에는 부흥사들을 정신없이 따라다니면서 산기도도 많이 했다. 그러다가 일본에 가서는 무교회無敎會의 내촌감삼內村鑑三, 총본塚本 등을 쫓아다녔다. 한국에 와서는 유영모柳永模 선생님을 만나서 유영모 선생님에게 몰입했다. 그 몰입하였다는 증거가 무엇인가 하면, 유 선생님이 죽는다고 날짜를 정했을 때 나는 유 선생님이 돌아가신 줄 알아서 그 날 장사 지내러 올라갔다. 그런데 함석헌咸錫憲 선생은 자기는 유 선생님이 죽지 않을 줄 알았다고 하였다. 함 선생은 몰두하지 못한 것이다. 나는 몰두했던 것이다. 그때 내가 유영모 선생님을 만나서 느낀 것이 "결국은 유영모가 죽은 것이 아니고 내가 죽었구나" 하는 것이었다. 한 번 죽는 경험을 해보는 것이다. "대사일번大死一番 절후재소絶後再蘇"이다. 누구나 한 번 죽는 경험을 해야 한다. 내가 죽었다고 하는 것은 하나의 체험이지, 안 것(지知)이 아니다.

그 후 나는 선생님께서 반대하시는 결혼을 하고자 선생님과 헤어졌다. 그런데 결혼 후에도 생각이 끊어지지 않았다. 그래서 계속 생각하면서 『주역周易』을 하루 한 괘씩 몰두해서 보았다. 하루 종일 『주역』한 괘를 놓고서 생각하는 것이다. 몰두하는 것이다. 그러다가 35세 되던 해 3월 17일 오전 9시 5분에 컨템플래이션(contemplation)이 되었다. 그때에 "통달通達 실상지리實相之理"가 되고 말았다. 하나의 체험이다. 그것은 내가 하려고 하거나 기대한 것도 아니었다. 삼마디(Samadhi)를 체험하는 것이다. 그때 그 체험을 통해서 무엇이 달라지나. 내가 없어지고 만다. 그것이다. 삼마디, 삼마파티(Samapatti), 디야나(Dhyana)[1]의 세 가지를 통해서 바로 '나'라는 것이 없어진다. 이것이 '제법무아諸法無我'이다. 내가 없이 사는 것이 각覺의 세계이다. 나라는 것이 있으면 각이 아니다.

예를 들면 어디서 무슨 말을 해달라고 하면 나는 지금까지 거절한 적이 없다. 다 "네" 하고 간다. "아니오" 하면 내가 있게 되는 것이다. 그것이 "불이수순不二隨順"이라는 것이다. "네" 하고 그냥 쫓아가는 것이지 "아니오"가 없다. 바울은 자기가 걸레조각처럼 됐다고 하였다. 바울은 자기가 없는 것이다. 그냥 때리면 맞고, 죽이면 죽고, 그러고 다니는 것이지 자기가 없다. 바울의 특징이 그것이다. 바울 속에는 자기는 없고 그리스도만 있다. 그런 세계를 삼마디, 삼마파티라고 한다. '황중삼매', 그리고 '통달 실

---

1. Samadhi는 정지靜止 혹은 적정寂靜이라 한다. Dhyana는 정려靜慮, 적멸寂滅이라 한다. 이 삼마디와 디야나 사이에는 삼마파티(Samapatti: 정혜靜慧, 적조寂照)가 있다. 자세한 것은 김흥호(2003), 『원각경 강해』 28~9쪽을 참조할 수 있다.

상지리'이다.

  내가 『주역』에 몰두하다 보니까 그 밑이 깨져서 그 밑을 통하여 하나님을 보는 것이다. 이것이 『중용中庸』의 천명지위성天命之謂性이다. 천명지위성이 삼마디다. 삼마디는 번역할 수가 없다. 왜냐하면 그것은 지식의 세계가 아니라 내가 경험해 보아야 알 수 있는 세계이기 때문이다. 남의 말을 들어서 알 수 있는 세계가 아니다. 내가 이렇게 여러분에게 참고 되라고 자꾸 말해도 여러분이 앞으로 직접 경험해 보아야 그 세계를 알지 그 전에는 절대 모르는 세계다. 이것은 이심전심以心傳心 직지인심直指人心이 되어야 된다. 내가 경험한 것을 여러분이 또 경험할 때 그때 알게 되는 것이지 그 경험을 못하면 영원히 모르는 것이다.

『원각경』 35~6쪽

나는 지금 어디 있는가

실제로 나는 6년 만에 「요한복음」 한 절을 알게 되어서 35세 되던 해 3월 17일 오전 9시 5분에 '붕-' 뜨는 경험을 했다. 떴으니까 이제 다시는 물에 빠질 걱정이 없다. 평등본제平等本際, 이 뜨는 것이 인간의 본질이다. '붕-' 뜨는 것, 기독교로 말하면 구원받는 것이 우리 인간의 본질이다. 다 구원받기로 되어있다. 우리 가슴속에는 본래 다 바람이 들어가 있다. 본래 하나님의 형상대로 만들어져 있는 것이다. 다시는 물에 빠져 죽을 걱정이 없다. 그것이 평등본제이다. '붕-'떠있는 것, 우리가 다 하나님 나라의 백성이라는 것, 하나님의 아들딸이라는 것, 그것이 우리의 본제本際, 본체이다. 죄짓는 것이 우리의 본체가 아니다. 본래 하나님의 아들처럼 사는 것이 우리의 본체이다. 그것이 평등본제이고 그다음에는 원만시방圓滿十方, 어디나 갈 수 있다. 자유이다. 진리란 나무가 물보다 가볍다는 것이다. 이것이 평등본제이다. 언제나 떠있다.

우리는 본래가 하나님의 형상이지 죄인이 아니다. 본래가 그리스도이다. 예수를 믿어서 그리스도가 되는 것이 아니다. 본래가 그리스도인 것을 요전에는 본각本覺이라고 했다. 우리가 그것을 모르고 있다가 깨닫고서 "이젠 내가 예수 그리스도를 모셔야 되겠다" 하는 것이 시각始覺이다. 그래서 내가 예수 그리스도와 하나가 되어서 "이제 내가 사는 것이 아니라 그리스도가 내 안에서 산다"(갈 2:20) 하는 것이 정각正覺이다. "그리스도가 내 안에서 산다" 하는 것은 "이젠 물에 빠져 죽으려야 죽을 수가 없다" 하는 것이다.

결국 우리에게 제일 중요한 것은 황중삼매黃中三昧다. 물속에 머리를 집어넣는 것이 아니라, 하나님의 말씀 속에 우리의 마음을 집어넣어서 그 말씀 속에서 우리가 붕 뜨는 날이 있어야 한다. "붕 뜨는 날이 있어야 한다"는 것은 어느 말씀이 내 말씀인지 그것을 찾아내야 한다. 나는 구약·신약을 한약·양약과 같다고 말하는데, 약방에 가서 거기에 있는 약을 다 먹으면 안 된다. 그러면 죽는다. 그 속에서 내 약이 어느 것인지, 그것을 찾아내야 한다. 체했으면 소화제를 찾아야지 다른 약을 먹으면 안 된다. 감기에는 아스피린을 찾아야지 다른 약을 먹으면 안 된다. 내 몸에 맞는 약을 찾아내야 한다. 유영모 선생님이 언제나 "말씀을 고르라" 하듯이 '고른다'는 말을 쓴다. 자기 말을 하나 골라내야 한다. 구약·신약이 다 하나님 말씀이 아니다. 내가 골라낸 말씀만이 하나님의 말씀이다. 왜 그런가 하면, 그 말씀으로 내가 살게 되기 때문이다. 그것이 통달通達이다. 그렇게 되면 실상지리實相之理, 영원한 생명을 우리가 누릴 수 있고, 영원한 생명에 들어갈 수가 있다.

여러분도 이 수영하는 물 얘기를 가만히 생각해봐야 한다. 나는 지금 어디 있는가. 내가 지금 황중삼매에 들어가 있는가, 그것을 늘 생각해야 한다. 나는 언제 붕 뜨는가. 나는 언제 실상지리에 들어가는가. 이런 말들을 다른 말로 바꾸면 신통대광명장神通大光明藏이 된다. 실상지리 대신에 대광명장이다. 말이 다른 것뿐이지 내용은 다 같은 것이다. 지금까지의 서문만 알면 나머지 12장은 안 해도 되고, 몰라도 되는 것들이다.

『원각경』 47~9쪽

마음을 가라앉히는 방법

기도에는 간구懇求(invocation), 명상瞑想(meditation), 관상觀想(contemplation), 합일合一(union)의 네 단계가 있다. 처음에는 하나님께 간구하다가 그다음에는 하나님의 뜻이 어디 있는지를 깊이 생각해야 한다. 이것을 명상이라고 한다. 그러다가 마음이 다 가라앉으면 하나님의 모습이 비치기 시작한다. 이것을 관상이라고 한다. 결국 하나님과 내가 하나가 되는 합일의 세계에 이르게 된다.

삼마디는 하나님을 보는 세계(contemplation, 관상)이고, 삼마파티는 하나님과 내가 하나가 되는 합일(union)의 세계이다. 신교에서는 이렇게 잘 안 하지만 구교의 수도원에서는 지금도 이런 식의 기도를 통해서 수도한다. 불교는 불교대로, 모든 종교가 다 하는데 결국은 어떻게 하면 안심입명安心立命이 되는가 하는 것이다. 어떻게 하면 마음을 가라앉혀서 거기서 하나님을 볼 수 있게 되나? 그것을 우리가 해가는 것이다. 어떻게 하면 가라앉히나?

"황중삼매黃中三昧 통달通達 실상지리實相之理"(『주역』의 곤괘坤卦 5번 효爻), 어느 것 한 가지에 열중 몰두하여 그 세계에 통달이 되면 나중에 '실상지리', 하나님의 모습이 보인다. 왕양명의 '유정유일惟精惟一'도 무엇 하나에 몰입하여 열중하면 마음이 가라앉아서 그 때 '실상지리', 보이는 것이 나타난다. 마음을 가라앉히는 방법이 삼매三昧이다. 삼매란 열중, 몰입, 몰두라는 뜻이다. 몰두하면 나중에 마음이 가라앉아서 '탁!' 무엇이 보이게 된다. '황중삼매黃中三昧', 땅 속으로 깊이 들어가면 나중에 거기서 '통달通達', 싹이 터 나오기 시작한다. 싹이 터 나오면 '실상지리實相之理', 열매를 맺을 수가 있다.

믿음이란 "황중삼매 통달 실상지리"이다. '실상지리'는 바라는 것의 실상이고 '황중삼매'는 보지 못하는 것의 증거이다. 믿음이란 보지 못하는 것의 증거를 통해서 바라는 것의 실상을 보는 것이다. 제일 중요한 것은 몰두하는 것이다.

『원각경』 34~5쪽

참선參禪

참선參禪을 요새로 말하면 무엇이라 할까. 내 생각으로는 우리가 과학을 한다, 철학을 한다, 종교를 한다, 예술을 한다, 하는 이런 것들이 결국 참선이라는 것이다. 달리 말하면 인의예지仁義禮智다. 주자朱子가 말하는 성리학性理學이다. 성리학이라는 것이 결국 참선이라는 말이나 같은 말이다. 성性이라는 것이 삼마디(Samadhi)요, 이理라고 하는 것이 디야나(Dhyana)다. 몰두해서 나중에는 깨달음에 도달하는 것이다. 그것이 성리性理다. 그러니까 성이란 인의예지를 말한다.

인의예지를 현대적으로 말하면 종교, 철학, 예술, 과학이다. 우리가 하는 것이 그것이다. 우리가 문화라 하는 것은 보통 종교, 철학, 예술, 과학을 말하는데 거기에 우리가 몰두해 들어가는 것이다. 거기에 몰두해 들어가는 것이 우리의 삶이다. 이 네 가지도 결국 우리가 몰두해 들어가서 나중에는 붕 뜨는 것, 그런 것을 생각해도 된다. 그러니까 천국이라는 것이 다른 것이 아니고 우리가 몰두해 들어가서 붕 떠올라오면 거기가 천국이라는 말이다. 그것이 시간을 초월하는 것이다.

그래서 나는 맨 처음에 과학, 그다음에 철학, 그다음으로 종교, 그다음으로 예술이라 이렇게 생각한다. 이렇게 몰두해 들어가는 것이다. 몰두해 들어가서 더 깊어지면 붕 뜨게 되는 것이다. 그것이 다냐다. 그래서 과학이 끝나고, 철학이 끝나고, 종교가 끝나고, 예술이 끝나는 것이다. 일생 살아보니까 그것뿐이다. 과학 하느라 애쓰다가 '아, 과학이라는 것이 이런 거구나' 하게 되고, 또 철학 하느라 애쓰다가 '아, 철학이란 이런 것이로구나' 하고 요령을 붙잡게 되고, 또 종교 하느라 애쓰다가 '아, 종교의 요령은 이것이다' 하고 붙잡게 되고, 예술을 하느라고 애쓰다가 '아, 예술의 요령은 이것이다' 하게 된다. 그래서 우리의 현실로 말하면 과학, 철학, 종교, 예술에 몰두해 들어가는 것, 그것이 결국 색계色界라는 것이다. 그러다가 그다음에는 그것을 넘어서니까 여기처럼 '초超' 자가 붙는다. 초공무변지超空無邊地 초식무변지超識無邊地 초무소유지超無所有地 초비상비비상지超非想非非想地, 이렇게 넘어서는 세계가 된다. 그러니까 과학도 해보다가 '아, 이것이로구나' 하고 넘어서게 된다. 물론 거기에 계속 깊이 들어가는 사람도 있지만 '대충 이것이로구나' 하고 넘어서고, 그다음에는 철학으로 들어간다. 그래서 '철학이란 또 이런 것이로구나' 하고 넘어선다. 그다음에는 종교로 들어간다. 그래서 '아, 종교란 이런 것이로구나' 하고 넘어선다. 그다음에는 예술로 들어가서

'아, 예술은 이런 것이로구나' 하게 된다. 일생을 그렇게 살아가는 것이다. 그것이 시간을 초월하는 것이지 무슨 다르게 어떻게 시간을 초월하겠는가. 인생이 즐겁다는 것이 그것이지 그것이 없으면 인생이 즐겁다는 것이 어디 있겠는가.

    그러니까 참선이란 요새말로 하면 과학, 철학, 종교, 예술에 몰두하는 것인데 색계色界라는 이것은 거기에 들어가는 세계이고, 무색계無色界라는 이것은 거기에서 나오는 세계라, 그쯤 생각해도 되지 않을까 한다. 이것은 내 생각이다. 책에는 이런 말이 없다. 그렇지만 나는 그런 것이 아닐까 그렇게 생각한다.

『화엄경 강해』 2권 128~29쪽

계정혜戒定慧

집중해서 어떤 데 열중해 들어간다. 혹은 몰두沒頭해 들어간다. 몰두해 들어가서 어디만큼 들어가면 우리가 늘 말하는 붕 떠오르게 된다. 물속에 머리를 박고 들어가면 붕 떠올라온다.

계정혜戒定慧라는 삼학三學으로 말할 때, 계戒는 뛰어들기 위해서 옷을 다 벗어치우는 것이고, 정定이란 물속으로 몰두해 들어가는 것이다. 몰두해 들어가서 붕 뜬다 하면 그것을 혜慧라고 한다. 그래서 보통 계정혜戒定慧라고 한다.

『화엄경 강해』 2권 121쪽

천하의 도

사람은 무엇이나 한 길을 파면 결국은 영원한 생명에 도달하는 것이 아닐까. 다만 한 길을 깊이 파고 들어가야 한다. 흙이 있으면 흙을 파내고, 바위가 있으면 바위를 뚫고 깊이깊이 파 들어가야 한다. 생각을 해가면서 정성을 쏟아, 자기도 잊고, 집도 잊고, 나라도 잊고, 천하도 잊고, 깊이깊이 파고 들어가야 한다. 도에 통한다고 하는 것은 자기에 통한다는 것이요, 자기에 통한다는 것은 자기를 잊는다는 것이요, 자기를 잊는다는 것은 자기를 잊고 사물에 통한다는 것이다. 사물에 통할 때 사람은 비로소 자기에 통하고 신에 통할 수가 있다. 물론 신에게 통하고 자기에 통하고 사물에 통할 수도 있고, 자기에 통하고 사물에 통하고 신에 통할 수도 있고, 사물에 통하고 신에 통하고 자기에 통할 수도 있다. 그러나 통하면 그것으로 끝나는 것이 아니다. 우물이 통하면 지하의 샘물을 끌어올려야 하는 것처럼 통한 도는 다시 만물을 살리는 데 쓸 수 있어야 한다. 자연의 이치는 깨닫는 것이 중요한 것이 아니다. 그 깨달은 것을 살려 쓰는 데 더 커다란 의미가 있다. 도가 살아날 때 도는 나의 도가 아니라 천하의 도가 된다. 마치 발견된 돌이 그려질 때 그것이 천하의 그림이 되는 것처럼 자기를 잊는 일은 동시에 남도 잊을 수 있게 만들어 주기 때문이다.

 도가 쓰일 때 나도 없고 남도 없다. 다만 있는 것은 도뿐이요, 도가 살아날 때 일체가 살아 넘치게 되는 것이다.

월간 『사색』 28호 〈돌〉

제6장 깨달음

깨달으면 깨끗해진다

도무공죄道無功罪, 도는 죄인이건, 잘난 사람이건 따지지 않는다. 생각하면, 잘났건, 죄인이건, 다 깨닫는 거지, 잘난 사람만 깨닫고, 죄인은 못 깨닫고, 그런 거 없다. 감옥에 들어가서라도 생각하면 된다. 거기서 깨닫고 나오면 그땐 정말 사람이 되는 거다. 그래서 공죄功罪라는 게 없어진다. 인환부지人患不知, 사람이 깨닫지 못하면 그게 문제지, 공이니, 죄니 그건 문제가 안 된다. 죄를 지었더라도 깨달으면 된다. 지즉知則, 깨닫기만 한즉, 범죄불능오야凡罪不能汚也, 죄는 다 없어져. 기독교에서는 속죄, 그런 말을 하는데 동양에서는 속죄가 아니고 깨달으면 깨끗해진다, 라 한다. 깨달은 것하고 깨끗한 것이 같다. 깨달으면 깨끗해진다.

『노자 · 노자익 강해』 7권 88쪽

진리의 세계에는 똑똑하고 바보가 없다

불왈자不曰者, 이렇게 말하지 않는가? 여위시불운호如謂詩不云 乎, 시에도 이런 말이 있지 않은가? 도무현우道無賢愚, 진리의 세계에는 똑똑하고 바보가 없다. 오즉득지悟則得之, 생각하고 생각해서 깨달으면 깨끗이 된다. 깨달으면 철인이 된다. 오즉득지悟則得之, 방법은 이거 하나 밖에 없다. 생각하고 생각해서 깨달으면 되는 거다. 못 깨달으면 안 된다. 이 깨닫기까지, 그래서 언제나 일도一道 출생사出生死다. 일도, 우리가 열심히 생각을 해서 출생사 하는 거다. 붕 뜬다고 하는 건 깨달았다 이 소리다. 그러니까 깨닫기까지, 우리가 선생님을 따라다닌다 해도 언제까지 따라다녀야 하나. 깨닫기까지 따라다니는 거다.

『노자 · 노자익 강해』 7권 82쪽

깨달아라

내가 무가 됐다 하는 말은 불교로 말하면 부처가 됐다 하는 말이다. 부처가 되기까지, 하고, 또 하고, 또 하는 동안에 결국 마지막에 가서는, 돌멩이면 돌멩이를 망치로 때리고, 또 때리고, 또 때리고, 또 때려서 몇 번 때렸는지는 모르지만 어떤 때 가서 딱 갈리는 때가 있다. 그렇게 해서 딱 갈리는 때, 그때가 소위 내가 무가 되는 때이다.

그래서 아까도 그랬지만 깨달아야지, 그냥 알려고 하면 안 된다. 노자의 본뜻이 무엇인지를, 물론 노자의 본뜻이 없을 무無 자다. 없을 무 자라는 것이 형이상形而上이라는 거다. 무지無知, 무위無爲, 무욕無欲 하는 게 다 형이상이니까 이것은 깨닫는 세계다.

언제나 노자는 무지, 무위, 무욕을 말하는 거니까, 이것이 소위 형이상의 세계이다. 형이상은 우리가 깨달아야지 알 수 있는 세계는 아니다.

노자 81장이라는 것이 여기에 대해서 81번을 말하는 거다.

말하는 동안에 하여튼 깨달아라, 이 소리다. 또 깨닫지 못하면 이 다음에 깨달아야지 뭐, 어떻게 하겠는가. 아무 때나 좌우간 한 번은 깨달아라, 이 소리다.

『노자·노자익 강해』 4권 166~67쪽

도는 내 속에 있다

차고지이차도위귀자且古之以此道爲貴者 하야何也, 옛날부터 이 진리가 그렇게 소중하다. 진리를 깨달으면 사람이 되는 거고, 진리를 못 깨달으면 사람이 못 된다, 그래서 그렇게 소중하다 하는 이유는 뭔가?

구즉득지求則得之, 이 진리라는 것은 깨달으려고 생각하면 꼭 깨달을 수가 있다. 구하면 얻을 것이다. 왜 그런가? 도본재아道本在我, 진리는 내 속에 있기 때문에, 생각하는 마음은 내 속에 있지 밖에 있는 것이 아니기 때문이다. 내가 생각하는 거지, 생각하면 깨닫는 거니까. 우리가 지금 생각하는 연습을 하는 거다. 이렇게 와서 들으면서 자꾸 생각하게 되는 거다. 도본재아道本在我, 도는 내 속에 있다.

『노자 · 노자익 강해』 7권 80쪽

지행합일

진리를 깨달았다고 하는 건 뭔가? 우리가 생각하고, 생각하고, 생각하고, 생각이 아주 깊어지면, 맨 마지막에 더 생각할 게 없어지면, 그다음엔 깨달음이 나온다. 그건 여러분이 경험을 해봐야 한다. 우리가 하나를 자꾸 생각하고, 생각하고, 생각해서 더 생각할 게 없는 지경까지 들어가면 나중에는 깨달음이 나온다.

그걸 하이데거 같은 사람은 '현존'이란 말을 쓰는데, 시간성에서 현존이라는 게 소위 깨달음이 나왔다는 거다. 우리가 자꾸 생각하고, 생각하고, 생각해서 그 생각의 끄트머리에 가면 깨달음이라는 게 나온다. 이걸 불교에서는 성불成佛이라 그런다. 견성성불見性成佛이다.

깨달음이 나오게 되면 그 특징이 뭔가? 깨달음, 이걸 왕양명은 심즉리心卽理라 한다. 그런데 심즉리를 하게 되면 어떻게 되나? 지행합일知行合一이 된다. 아는 것으로 그치지 않고 행하게 된다. 이것이 특징이다. 『구약전서 강해』 제7강 (미출간)

실천이성

깨닫는다는 걸 어렵게 생각하지 말고, 영어 그러면 영어를 마스터하면 깨닫는 거지, 다른 거 없다. 과학 그러면 과학, 자기의 전공을 마스터하면 그걸 깨닫는다 그런다. 옛날 사람들은 그걸 깨닫는다, 요령을 잡았다 했다.

자기 사업 그러면 사업을 마스터했다, 그거 깨달은 거다. 김치를 마스터했다, 그것도 깨달은 거다. 그러니까 깨닫는다 하는 걸 어렵게 생각하면 안 되고, 쉽게 생각해야 어느 사람이나 다 깨닫지, 깨닫지 못할 사람이 어디 있겠나. 더구나 여기 앉아 있는 분들은 다 전공을 가진 분들이니까 다 깨달은 사람들이다.

그런데 지금 우리가 또 하나 깨달으려고 하는 것이 죽음이라고 하는 것, 요 전공을 한번 이제 마쳐야 된다. 그래서 인생이라고 하는 것을 말하자면 전공 끝내고, 한번 정말 요령을 잡고서 마음대로 사는 자유로운 세계, 그래서 언제나 - 영생, 자유, 신, 이걸 소위 서양 사람들은 이데(Idée)라고 부르는데 '이상'이라는 거다. - 이상이라고 하는 그 세계를 한번 가는 거다.

그 세계를 가려면 아무래도 순수이성 가지곤 안 되고, 실천이성을 가져야 한다. 이 실천이성이라는 것이 도덕의 세계이다. 철학과 도덕과 종교, 이 세계로 가는 것, 이것이 소위 형이상학의 세계이다.

『노자 · 노자익 강해』 5권 286~87쪽

진리의 샘물

깨닫는 것이 제일 중요하다. 깨닫는다는 것은 진리의 샘물이 터졌다는 것이다. 샘물이 터지면 물이 흘러가게 마련이다. 그 물이 흘러흘러 강도 되고 호수도 되어 넓게넓게 퍼져나간다. 그리하여 모든 생명이 살게 된다.

『주역 강해』 1권 86쪽

겸손

노자철학의 핵심이 겸謙이라는 말은 결국 진리를 깨닫는다는 말이다. 물론 노자는 진리란 말 대신 도道란 말을 사용한다. 도에 통한다는 말이나 진리를 깨닫는다는 말이나 같은 말이다. 실제로 진리를 깨달아야 겸손해지지, 그렇지 않으면 겸손해질 수가 없다. 진리를 깨닫기 전에는 계속 교만하지 겸손해질 수가 없다. 사람은 누구나 저 잘난 맛에 사는데 이 자기 잘난 맛이 없어지면 살맛이 없어지고 만다. 저 잘난 맛이 없어진다는 것은 죽음이나 마찬가지다. 진리를 깨닫는다는 것은 한 번 죽는 것이다. 한 번 죽지 않고는 자기란 것이 없어지지 않는다. 대사일번大死一番 절후재소絶後再蘇, 진리를 깨닫기 전에는 자기란 것이 없어질 수 없다.

『주역 강해』 1권 284쪽

절대적인 사랑

진리를 깨닫자는 것이 불교의 핵심이다. 진리는 그저 깨달아지는 것이 아니다. 절대적인 사랑 안에서만 진리는 깨어난다. 마치 어미닭 품안에서만 계란이 부화되어 병아리가 되는 것이나 마찬가지다. 어미닭의 품이 공간이요, 변화하는 계란이 시간이요, 깨어나는 병아리가 인간이다. 인간이 되는 것을 성불이라고 한다. 병아리가 되기 위해서는 21일이라는 시간이 필요하고 어미닭의 품이라는 절대공간이 필요하다. 공간과 시간이 곱해지는 4차원을 시중時中이라고 하는데 공간에 의하여 시간이 잘린다고 시간제단時間際斷이라고 한다. 4차원의 세계는 광속의 세계. 우리의 생각이 끊어지고 말이 끊어져 직관의 세계가 펼쳐질 때 그것을 각覺이라고 한다. 21일이라는 시간이 잘리고 계란이 깨어나 눈을 뜰 때 그것이 각이요 성불이다. 이렇게 병아리가 되게 하는 절대적인 힘이 어미닭의 품이요 절대공간이다. 이 공간에 가득 차 있는 것이 따뜻한 온기요, 촉촉한 습기요, 신비한 사랑이다.

우리는 이것을 묘법妙法이라고 한다. 만물을 진화시키는 근원적인 힘이다. 이 힘 때문에 만물은 변화해서 새로운 존재로 거듭나는 것이다. 이러한 신비를 묘妙라고 한다.

『법화경』 5~6쪽

성숙한 인생

　우리에게도 언젠가 한 번은 계란이 깨어지고 병아리가 나타나는 그런 순간, 그걸 기독교에서는 믿음이라 한다. 바라는 것의 실상이요, 보지 못하는 것의 증거라. 그게 계란은 깨지고 병아리가 나왔다 그 소리다. 이걸 각覺이라고 할 때 두 가지 각을 생각하게 된다.

　우리가 살아있으면서 깨닫는 건 '유정각有情覺'이라 그런다. 감정感情이라는 정情 자다. 그리고 죽을 때 그 죽음이라고 하는 거는 뭔가? 깨달음이라 이렇게 보는 거다. 그 죽음이란 계란이 깨지고, 즉 우리의 육체가 떨어져나가고 우리의 영혼이 깨어 나오는 것, 병아리가 깨나오는 것, 그걸 소위 기독교에서는 믿음이라 그런다. 불교에선 이걸 '무정각無情覺'이라 한다. 없을 무 자. 감정이라는 정 자, 무정각, 언제나 두 가지 각이 있다 이렇게 본다.

　그래서 우리가 살았을 때 한 번 각을 경험하고, 그러고 죽으면서 또 한 번 경험하고. 그런데 이 각이라고 하는 세계는 어머니가 어린애를 낳는 세계니까, 어머니도 진통을 겪는 거고, 어린애도 진통을 겪는다. 다 진통의 세계다. 깨닫는다 할 때 그저 쉽게 깨닫는 게 아니다. 정말 백사천난百死千難이다.

왕양명은 그걸 치양지致良知라 한다. 치양지라고 하는 것이 소위 병아리가 됐다 그 소리다. 치양지라. 어떻게 치양지가 되나? 백사천난 끝에 치양지라. 어머니도 백사百死고, 아이도 천난千難이다. 어머니도 고생이고, 아이도 고생이고, 그 고생을 끝내야 가는 거다. 사람은 깨달으면서 한 번 고생을 하고, 그리고 또 죽을 때도 한 번 고생을 한다. 물론 고생 조금 하고 가는 사람도 있다. 이 고생 조금 하고 가는 사람은 순산順産이다. 그런데 고생 많이 하는 사람은 난산難産이다.

우리 이 몸속에, 기독교에서는 속사람이라 그러고, 영혼이라 한다. 사실 기독교에선 영혼이라는 혼魂 자는 잘 안 쓰지만 보통 신비주의에선 탈혼, 이런 말을 한다. 우리의 영체靈體, 바울은 그냥 영체靈體라 하는데, 예수는 영체가 천사 같은 거라 한다. 천사 같은 '나'가 나가는 거다.

그래서 유영모 선생님은 늘 "인생은 죽음으로부터"라고 하셨다. 그 '인생은 죽음으로부터' 하는 그것이 진짜 인생이지, 이 살았을 때 인생이라는 건 진짜 인생이 아니다, 라는 거다. 더 쉽게 말하면 깨닫고 나야 인생이지, 깨닫기 전의 인생은 진짜 인생이라고 하기 어렵다. 번뇌에 사로잡혀서 사는 인생은 이거 진짜 인생이 아니다. 깨닫고 사는 사람, 이것이 진짜 인생이다. 예수 같은 사람, 진짜 인생이다. 그러니까 우리 같은 사람, 이거, 진짜 인생도 못 된다.

예수 같은 사람은 '나'다 이럴 수 있는데, 우리는 '접니다' 이렇게. 접니다, 하는 게 뭔가? 졌습니다, 이런 말이다. 이기지도 못했다는 거다. '깨닫다' 하는 것이 이긴다는 거니까. 그러니까 죽음이라고 하는 것도 그렇게 생각하면 정말 죽을 만하다. 죽을 만하다, 정말. 본인은 뭣도 모르고 죽긴 죽지만 죽어보면 알 거다. 아, 이런 걸. 요전에 『장자』〈지락편至樂篇〉에 나왔다. 이런 걸 모르고 내가 죽을까봐 고생을 했구나, 라고.

승조 같은 사람은 죽을 때는 웃으면서 죽는다. 그래서 인생은 울면서 나왔다가 웃으면서 죽는다, 이것이 인생이지. 울면서 나왔다가 또 울면서 죽으면 그건 아직도 채 인생 못 된 거다.

그러니까 우리가 성숙이라는 게 필요하게 되는 거다. 속에서 병아리가 자꾸자꾸 커져서 성숙한 인생이 돼서 계란에서 깨어나와야지. 그래서 여기 자꾸 이렇게 진실이라는 말이 나오는 거다. 진실이라는 건 성숙한 인생을 말한다. 병아리라고 하는 게 뭔가? 성숙한 인생이다. 인생은 살아서 한 번 성숙한 것을 느껴보고, 이걸 유정각이라 그러고, 죽으면 그다음엔 정말 예수님 말씀대로 천사처럼, 천사처럼 그렇게 또 성숙하게 그렇게 한 번 살아본다. 그렇게 해서 인생은 살아도 인생이고, 죽어도 인생이고, 이것이 소위 영원한 생명이라는 거다. 영원한 생명이란 죽어도, 죽음이라고 하는 건 없다, 이렇게 되는 거다. 죽음을 났다 죽는다, 이렇게 생각하면 죽음이라고 하는 게 있는 거지만 예수님처럼 왔다가 간다, 이렇게 생각하면 죽음이라는 것은 없다.

  이런 걸 우리가 많이 생각해야 된다. 철학은 죽음의 연습이라 하지 않나. 자꾸 죽음의 연습으로, 한 번 우리가 계란에서 깨어나와서 훨훨 날아가는 그런 연습을 자꾸 해야 된다. 그래서 이걸 살았을 때 한 번 깨어나면 그걸 유정각이라 그러고, 죽어서 깨어나면 그건 무정각이라 그러고, 그렇게 되는 거다. 그래서 칼라일 같은 사람은 이 몸뚱이라고 하는 게 뭔가? 옷이다. 옷을 벗고, 탈락[1]이지. 옷을 벗고 정말 천사처럼 하나님께로 가서 의인은 하늘나라에서 그 얼굴이 해와 같이 빛난다. 이런 세계로 가는 걸 우리는 믿음이라 한다.   『노자 · 노자익 강해』 5권 282~85쪽

---

1. 심신탈락진心身脫落盡 유유일진실唯有一眞實

흐르는 시간과 흐르지 않는 시간

    시간에는 흐르는 시간과 흐르지 않는 시간이 있다. 생멸生滅이란 흐르는 시간이고, 적멸寂滅이란 흐르지 않는 시간이다. 하나는 삼차원의 세계이고, 다른 하나는 사차원의 세계이다. 우리가 이미 원각경에서 했던 말이 다시금 되풀이되는 것인데 결국 어떻게 하면 삼차원의 시간에서 사차원의 시간으로 옮겨갈 수 있는가 하는 문제다.

    방법은 하나뿐이다. 그것은 생각이라는 의식의 흐름을 가속하고 가속해서 나중에는 빛의 속도가 되는 것이다. 그래서 척 보면 안다고 하는, 보는 세계에까지 가야 한다. 우리의 생각이 광속光速이 되면 무념無念의 세계가 되는 것이다. 그래서 '나는 생각한다. 고로 나는 있다'라고 하는 것이다. 우리의 방법은 이것밖에 없다.

『법화경』 78쪽

생각을 봐야 끝이 난다

가는 방법은 무엇인가? 그 방법을 알기 위해서는 거꾸로 생각해가야 한다. 왜 노사老死가 왔는가? 왜 생生이 왔는가? 왜 유有인지. 왜 취取인지. 이렇게 거슬러 올라가면 결론은 다시 무명無明에 이른다. 기독교에서는 죄라고 하는데 불교에서는 무명이라 한다. 무명을 기독교로 말하면 사탄이다. 이 무명 때문에 사람이 금수禽獸와 다를 바 없는 유전문流轉門이 되는 것이다.

그러면 어떻게 해야 이 무명을 해결할 수 있는가? 어떻게 해야 각覺인가? 간단히 말하면 생각밖에 없다. 자꾸자꾸 생각해서 나중에 거기서 각이 나오게끔 생각하는 수밖에 길이 없다.

우리가 요전에 말한 대로 깊이 생각해서, 즉 명상을 해서 관상觀想의 세계로 들어가자는 것이다. 이것이 생각이다. 생각하고 생각해서 생각이 끝이 나야 한다. 생각이 끝이 나면 그것을 무념無念 또는 주역에서처럼 무사無思라 한다. 언제 생각이 끝이 나는가? 우리가 어머니를 생각한다 할 때 언제 생각이 끝이 나겠는가? 그것은 어머니를 만나야 생각이 끝이 난다. 어머니를 만난 다음에는 더 생각할 것이 없다. 그러니까 생각은 만나야 끝이 난다. 이것을 관상이라 한다. 어머니를 보아야 생각이 끝이 난다. 각이 나온다는 말은 어머니를 본다는 말이다. 결국 어떤 문제를 생각한다, 생각한다 할 때 언제 그 문제가 해결되는가 하면 결국 보아야 해결이 된다. 각이 나와야 해결이 된다. 무명이 되어서는 결코 해결이 되지 않는다. 생각하는 세계에서는 해결이 되지 않는다.
『법화경』 72~3쪽

각의 세계

성문聲聞이란 무엇인가? 성문이란 세존의 말을 듣고 자꾸 생각하는 때다. 성문의 시대란 생각하는 시간이다. 그러다가 낙독선적樂獨善寂이다. 산에 들어가서든 어디 가서든 자기 혼자서 자꾸 생각하는 것이다. 끝없이 생각하는 것이다.

이렇게 자꾸 생각하다가 나중에는 제법인연諸法因緣을 깨닫게 되면 벽지불辟支佛이 되는 것이다. 이것을 소위 연각緣覺이라 한다. 자꾸 생각하다가 생각이 끝나는 때가 연각이다. 석가로 말하면 육년고행 후에 49일 선정禪定이다. 자꾸 생각하다가 어떤 날 새벽에 샛별이 반짝일 때 탁 깨달았다는 것이다. 그것을 우리는 견성성불見性成佛이라 한다.

덕산德山은 '불을 끄라'고 한다. 불이란 의식의 세계를 말한다. 의식의 세계인 불을 끄면 빛의 세계인 별이 나타난다는 말이다. 별을 보는 것이 각의 세계다. 그러니까 생각하고 생각하는 것은 아직도 의식의 세계. 그런데 이 생각이 끊어질 때, 즉 무념

무사無念無思가 될 때 그때가 소위 각의 세계가 된다.

　　이제는 환하게 밝으니까 더 생각할 것도 없고 더 이상 더듬을 필요도 없다. 생각한다는 것은 아직도 더듬는 세계다. 이제는 눈에 보이니까 마음 턱 놓고 걸어가도 문제될 것이 하나도 없다. 이것을 각의 세계라 한다.　　　　　　　　　　『법화경』 73쪽

기복신앙

궁만세이窮萬世而, 몇 천 년 지나도 불오不悟, 깨닫지 못한다. 깨닫지 못한다는 건 철학도 없고, 도덕도 없고, 종교도 없다는 말이다. 기독교가 있다고 그래도 기독교에 철학도 없고, 도덕도 없고, 그래서 종교가 뭐가 되고 마나. 결국은 기복신앙밖에 되는 게 없다. 복 받겠다고 달려드는 것밖에 없다. 기복신앙을 가진 종교는 종교가 아니다. 그것은 하나의 미신이다. 궁만세이불오窮萬世而不悟, 깨닫지 못한다.

『노자·노자익 강해』 4권 223~24쪽

나는 영원한 존재

구마라습의 수제자가 승조라는 사람이다. 불교를 탄압할 때 승조가 불교의 대표자로 몰려가지고 사형선고를 받게 됐다. 그래서 형장에서 목을 치려 했더니, 사대원무주四大元無主 오온본시공五蘊本是空 이수임백인以首臨白刃, 이제 칼이 목을 탁 치려고 하는데 목을 치나, 유여참춘풍猶如斬春風, 봄바람을 베나. 봄바람을 베나, 내 목을 베나 뭐가 다른가. 베는 건 자연을 베는 것뿐이지. 자연을 베었다고 해서 뭐 죽을 것도 없고, 아플 것도 없고, 아무것도 없다, 라 읊었다.

그러니까 너희가 죽이면 뭘 죽이나? 자연을 자르는 것뿐이지. 허망한 일이야. 너희가 자연을 백 번 죽이면 뭘 하겠나? 이순신을 백 번 죽이면 뭘 하겠나? 이순신은 영원히 죽지 않는다. 이것은 소크라테스도 마찬가지다. 너희가 날 죽인다고 생각하지만 날 죽이는 게 아니야. 너희 자신을 죽이는 거다. 나는 영원히 죽을 사람이 아니야. 다 이거 같은 사상이다.

영광독요靈光獨耀인데 영광을 누가 어떻게 하겠는가. 체로진상體露眞常인데 진상을 누가 어떻게 하겠는가. 심성무염心性無染인데 심성을 누가 어떻게 하겠는가. 그리고 여여불如如佛인데 어떻게 하겠는가. 영원한 존재지 죽을 존재가 아니다. 자기 자신이 영원한 존재라는 것을 깨달으면 그것이 부처다.

그런데 죽지 않으려고 애쓴다든가, 어떻게 하루라도 더 살아보려고 야단치면 그건 아직도 깨달은 사람이 아니다. 깨달았다는 건 뭔가? 아침에 도를 들으면 저녁에 죽어도 좋다, 그것이 깨달았다는 거다. 왜? 뭘 깨달았나? 내가 영원한 존재라는 걸 깨달았다. 세계관, 인생관, 우주관 하는 것이 그거다. 내가 영원한 존재라는 걸 깨달았다. 내가 시간을 초월하고, 공간을 초월하고, 인간을 초월하는 존재라는 걸 깨달았다. 그러니까 나는 죽을 수가 없다. 그것이 기독교로 말하면 부활이라는 사상으로 돼서 나오는 거고, 불교에서는 법신이다. 법신이라는 거는 죽을 수가 없다는 거다.

이런 말은 아무리 자꾸 들어도, 들어도, 들어도 통 알 수가 없다. 들어도, 들어도 통 알 수가 없는 거다.

『노자 · 노자익 강해』 4권 40~1쪽

집 짓는 길

1954년 6월 5일 우리말로 옮겨 본 대학이다.

집 짓는 길은(대학지도大學之道) 큰 집에서부터 작은 집에 이르기까지(자천자이지어서인自天子以至於庶人) 모두 땅을 닦음으로 밑을 삼나니(일시개이수신위본壹是皆以修身爲本) 터가 된 다음에 돌을 놓고(지지이후유정知止而後有定), 돌을 놓은 다음에는 기둥을 세우고(정이후능정定而後能靜), 기둥을 세운 다음에야 지붕을 덮고(정이후능안靜而後能安), 지붕을 덮은 다음에야 문을 내고(안이후능려安而後能慮), 문을 낸 다음에야 방을 들이느니라(여이후능득慮而後能得). 예로부터(고지古之) 들린 하늘 낭기[1]를 기르고자 하는 이는(욕명명덕어천하자欲明明德於天下者) 먼저 그 열매를 맺게 하고(선치기국先治其國), 그 열매를 맺게 하고자 하는 이는(욕치기국자欲治其國者) 먼저 그 꽃을 피게 하고(선제기가先齊其家), 그 꽃을 피게 하고자 하는 이는(욕제기가자欲齊其家者) 먼저 그 나무를 자

---

1. 낭기는 나무의 사투리. 여기서는 성장한 나무를 뜻함.

라게 하고(선수기신先修其身), 그 나무를 자라게 하고자 하는 이는(욕수기신자欲修其身者) 먼저 그 줄기를 뻗게 하고(선정기심先正其心), 그 줄기를 뻗게 하고자 하는 이는(욕정기심자欲正其心者) 먼저 그 순을 돋게 하고(선성기의先誠其意), 그 순을 돋게 하고자 하는 이는(욕성기의자欲誠其意者) 먼저 그 싹을 트게 하고(선치기지先致其知), 그 싹을 트게 하고자 하는 이는(치지致知) 먼저 그 씨를 땅에 뿌리나니(재격물在格物) 씨를 뿌려 본 다음에야(물격이후物格而後) 돋아나는 이치를 알게 되고(지지知至), 돋아나는 이치를 안 다음에야(지지이후知至而後) 그 뜻이 아름다워지고(의성意誠), 그 뜻이 아름다워진 다음에야(의성이후意誠而後) 그 마음이 참되어지고(심정心正), 그 마음이 참되어진 다음에야(심정이후心正而後) 그 몸이 좋아지고(신수身修), 그 몸이 좋아진 다음에야(신수이후身修而後) 그 집이 밝아지고(가제家齊), 그 집이 밝아진 다음에야(가제이후家齊而後) 그 나라가 들려지고(국치國治), 그 나라가 들려진 다음에야(국치이후國治而後) 온 삶이 힘이 있느니라(천하평天下平).

나무는 자라서 낭기가 되고(물유본말物有本末), 사람은 자라서 사랑기가 되나니(사유종시事有終始), 뒤에 서서 맨 처음을 따라 힘써 가면(지소선후즉知所先後則) 저절로(근도의近道矣) 아이인 것이 자라서 어른이 되고(재명명덕在明明德 재친민在親民), 어른이 뚫리면 늙은이가 되느니라(재지어지선在止於至善). 늙은이가 가리어지면(기본난이其本亂而) 어린 것이 잘 할 수 없고(말치자부의末治者否矣), 어린 것이 자라지 못하면(기소후자박이其所厚者薄而) 어

른이 될 수 없느니라(기소박자후이미지유야其所薄者厚而未之有也).[2]

월간 『사색』 5호 〈대학〉

---

2. 이 글은 김흥호 선생이 1954년 3월 깨달음에 이른 후 다석 유영모 선생께 처음 올린 대학 1장의 번역문이다. 월간 『사색』 5호에 게재되어 있다.

제7장 통일지

분별을 넘어서

하나님을 믿는다는 게 진짜 믿는 건지, 하나님을 안 믿는다는 것이 진짜 안 믿는 건지, 그거 모르는 거다. 자기를 알았다는 게 진짜 알은 건지, 자기를 몰랐다는 것이 진짜 알은 건지, 그거 잘 모르는 거다. 그러니까 신信이니 불신不信이니 그거 가지고 따지지 말자. 저 사람은 믿다 죽었다, 저 사람은 천당 갈 거다. 저 사람은 안 믿다 죽었다, 지옥 갈 거다. 그렇게 따지지만, 그러지 말자. 그거 그럴 이유가 없지 않느냐. 교회 며칠 다녔다고 천당 갔다면 천당 못 갈 사람이 어데 있겠나. 그러니까 혼위일체混爲一體다. 전체적으로 한번 생각하지, 너무 따지지 말자.

『노자 · 노자익 강해』 6권 39쪽

전체로 믿자

신자信者 오신지吾信之,
불신자不信者 오역신지吾亦信之,
득신의得信矣.

믿을 만한 사람도 나는 믿고, 믿을 수 없는 사람도 나는 믿는다. 이것이 소위 통일지다. 분별지가 아니다. 요 사람, 고 사람, 자꾸 분별하지 않고 그냥 전체로 다 믿는다. 그렇게 되면 그 사람도 또 나를 믿게 되니까 내가 그 사람들의 믿음을 얻을 수가 있다. 같은 말이다.

『노자 · 노자익 강해』 6권 26쪽

마음을 다하라

마음을 다하라 그런 말은, 다른 사람을 비판하거나 흉보거나, 하여튼 규각圭角을 드러내지 말라는 거다. 분별지를 가지지 말라는 거다. 언제나 통일지를 가지라는 거다. 언제나 통일지다. 남을 분별해서 요놈은 좋고, 요놈은 나쁘고 그렇게 하지 말라는 거다. 다 좋다 이렇게 생각하는 거다. 선善이나 불선不善이나, 신信이나 불신不信이나 그런 차별을 가지지 마라. 그러니까 누구에게나 다 좋게 그러지, 어떤 사람에게만 좋게, 그러지 말라는 거다.

『노자 · 노자익 강해』 6권 33쪽

도의 전체를 보라

만일 세상 사람들이 이 도의 전체를 알지 못하면, 여름이 있으면 벌써 겨울을 보고, 겨울이 있으면 벌써 여름을 보고, 전체를 봐야 하는데, 도지전체道之全體, 도의 전체를 보지 못하면, 이이목지소지以耳目之所知, 이목지소지耳目之所知라는 건 분별지라는 거다. 일부분만 보고 그것을 위지爲至, 다 봤다 이렇게 생각하는 거다. 그래선 안 된다.

『노자 · 노자익 강해』 6권 243~44쪽

중심지허中心之虛

　　분별지 가지고 되는 건 아니다. 이건 깨닫든지, 계시를 받든지, 체득을 하든지 해야 한다. 어머니가 사랑이라, 그런 걸 알려면 웬만큼 자라서는 모른다. 결국 자기가 또 어린애를 낳아봐야, 아, 어머니가 날 사랑했구나, 그렇게 알지, 거저 생각해서는, 분별지 가지고는 모른다. 그렇잖은가? 어머니의 사랑은 분별지 가지고는 모른다. 어머니가 날 때리니까 날 미워한다든가, 날 칭찬하니까 좋아한다든가, 그런 거 가지고는 안 된다. 때려도, 칭찬해도 다 사랑이다. 때리면 사랑 아니고, 그건 절대 아니다. 그러니까 이건 통일지로 가는 거다. 우리 마음이 텅 비어야 한다. 텅 비어야 한다는 건 내가 없어져야 된다, 그 소리다. 어머니가 다고 나는 없다 이럴 때, 이 사랑을 이해할 수 있는 거지, 그렇지 않으면 안 된다.

『노자 · 노자익 강해』 3권 85~6쪽

통일지는 사랑이다

어머니는 언제나 통일지다. 어머니에게는 분별지라는 게 없다. 집안의 식구들을 다 꼭 같이 사랑하지, 누구는 더 사랑하고, 덜 사랑하고, 이게 없다. 그러니까 어머니가 귀하다. 누구는 좋다, 누구는 나쁘다 이렇게 되면 안 된다.

또 분별지를 가지고 나라를 다스리면 안 된다. 국민이면 모든 국민을 다 사랑해야지, 누구는 사랑하고, 누구는 안 사랑하고, 그렇게 되면 나라는 망한다.

『노자 · 노자익 강해』 7권 148쪽

직관지直觀知

　무지無知, 무위無爲, 무욕無欲, 하는 게 노자의, 혹은 장자의 핵심사상이다. 이건 반야심경에도 무지無知, 무득無得, 그렇게 돼있다. 무득이나 무욕이나 같은 말이다. 무위라는 것도 자연이란 말이다. 더 쉽게 말하면 무지 그럴 때는 지가 없다. 지가 없다 이렇게 해석할 수도 있지만 지가 무슨 지냐 하면 통일지니까 분별지는 없다 이렇게 해석할 수도 있다. 분별지가 없고 무슨 지인가? 통일지다. 전체를 보는 거다. 혹은 스피노자처럼 꿰뚫어보는 거다. 직관지다. 직관지라 해도 되고, 통일지라 해도 되고 전체를 보는 지다. 이럴 땐 무無, 그러는 것이 이게 없다는 말이 아니라 전체다, 통째로 보는 거다. 자연을, 우주를 꿰뚫어본다. 통째로 본다. 더 알 것이 없다. 통째로 보면 다 보는 거니까 더 알 것이 없다. 그렇게 해서 무지라는 것이다.

『노자 · 노자익 강해』 3권 191쪽

명백사달明白四達

　명백사달明白四達, 꿰뚫어보고, 꿰뚫고 갈 수 있는 사람. 능무지호能無知乎, 능히 무를 알아야 한다. 무를 알아야 한다는 건 기독교로 말하면 하나님을 알아야 한다. 하나님을 알아야 꿰뚫어볼 수 있고, 하나님을 알아야 천국까지 갈 수가 있다. 하나님을 알아야 세상의 이치를 꿰뚫어볼 수 있다. 세상의 이치를 꿰뚫어볼 수 있다는 것이 진리라는 거다. 그리고 천국까지 가야, 천국까지 가야 한다는 게 생명이라는 거다. 견성지명見性知命이나 같은 말이다. 진리를 깨닫고 생명을 얻어야 된다. 자기의 사명을 다해야 된다. 더 극단적으로 말하면 생명을 얻어야 한다. 생명을 얻어야 된다는 말은 하늘나라에까지 가야 한다는 거다. 그걸 소위 명백사달明白四達이라 그런다. 진리를 깨닫고 명백明白, 하늘나라에까지 도달해야 사달四達, 그걸 지知라 그런다. 지인데 어떤 지인가? 그걸 통일지라. 분별지가 아니고 통일지다. 그 통일지를 우리가 무지라 그런다. 그러니까 통일지라 그래도 좋고, 무를 하나님이라 그래도 좋다. 하나님을 알아야 된다.

『노자 · 노자익 강해』 2권 196~97쪽

철학은 통일지다

철학은 무엇인가? 통일지다. 분별지가 아니다. 너 자신을 알라. 이것은 분별지가 아니다. 하나님을 알라, 이거 분별지가 아니다. 다 통일지다. 통일지가 되어야 각覺이라고 한다. 깨닫지 못한다. 왜 깨닫지 못하나? 자꾸 분별지로 가기 때문에 그렇다. 뭘 많이 알면 될 줄 알고 자꾸 분별지로 가려고 하기 때문이다.

『노자 · 노자익 강해』 4권 240~41쪽

무지無知

유기유지惟其有知, 안다 하는 것은 시이무지是以無知다. 그건 모른다는 거다. 그러니까 이때 안다고 하는 거는 분별지다. 이건 형이하만 아는 거지, 형이상을 아는 건 아니다. 그러니까 그 안다고 하는 거는 아직도 통일지를 모르는 거다. 능무지能無知·사지지의斯知之矣, 무지無知, 통일지를 알게 돼야지, 그렇게 돼야 형이하도 알게 된다. 그래서 언제나 요 둘 다 알아야 된다, 이 소리다.

유지즉백재신有知則魄載神, 분별지의 세계는 형이하다. 분별지의 세계는 백재신魄載神이다. 육체가 정신을 지배하는 거다. 무지즉無知則, 통일지의 세계는 신재백神載魄이다. 정신이 육체를 지배하는 거다.

『노자·노자익 강해』 2권 221~22쪽

통일지의 사死

생사라는 것은 무엇인가. 분별지라고 하는 것이다. 여기에서 사死라고 하는 것은 분별지의 사(사존재死存在의 사死), 그것은 인생의 끝이다. 육체의 끝이다. 그러니까 비참하다. 그렇게 된다. 끝이니 비참하다.

그런데 일도一道의 사(사이불망자死而不亡者의 사死)는 정신의 시작이다. 각覺은 뭔가? 정신의 시작이다. 기독교로 말하면 영적 생활의 시작이라고 말할 수 있다. 하이데거 철학의 제일 중요한 것이 죽음에의 존재, 선禪에서 말할 때 죽어서 사는 사람, 대사저인大死底人, 죽을 사死, 밑 저底 자. 대사저인은 뭔가? 진리를 깨달은 사람이다. 이 사死라는 것은 진리를 깨달았다는 사死다. 정신의 시작, 혹은 영혼의 시작이다. 그 사死지, 분별지의 사死가 아니다, 이것이 중요하다. 자명自明, 자강自强, 자족自足, 이것 다 통일지이지, 분별지가 아니다. 이 사死도 분별지의 사가 아니다. 분별지의 사라면 비참한 것이다.

통일지의 사死는 근본경험이다. 혹은 순수경험이다. 하나님을 만났다. 이것이 소위 정신의 시작이요, 한없는 기쁨이다. 분별지로 보면 죽음은 굉장히 비참한 것이지만 통일지로 보면 죽음은 굉장히 기쁜 거다. 사死, 죽음에의 존재라고 하는 것은 진리를 깨달았다, 라는 거다.

오늘 제일 중요한 것은 통일지다. 우리가 분별지를 살면 안 된다. 통일지를 살아야 한다. 통일지를 살아야 독립을 하게 된다. 그리고 통일지를 살아야 자유를 얻게 된다.

『노자·노자익 강해』 4권 245~47쪽

통일지로 사는 것

    철이 든 사람은 처기후處其厚, 언제나 도에서 살지. 불거기박不居其薄이야. 통일지로 살지, 분별지로 살지 않는다. 처기실處其實, 진실 속에 살지, 불거기화不居其華, 허화한 속에 살지 않는다.

『노자 · 노자익 강해』 5권 52쪽

철학의 부족

철학이라는 건 뭔가? 통일지란 말이다. 통일지, 철학은 관觀을 얻는 것을 말한다. 관이란 뭔가? 통째로 꿰뚫어보는 거다. 우주관 그러면 뭐 별들을 본다, 그 소리가 아니고 우주 전체를 꿰뚫어보는 거다. 우주관, 세계관, 인생관, 이게 철학이다. 그리고 이 철학에서 제일 중요하게 생각하는 게 통일이다.

지금 우리나라가 제일 부족한 게 이 철학이다. 생각하는 게 아주 부족하다. 생각하려 그러질 않는다. 생각하면 자꾸 골치 아프다고 한다. 대신 뭘 제일 좋아하나? 노래 부르기를 좋아한다. 우리나라 사람들이 제일 부족한 게 이 생각하는 거니까 통일하는 게 제일 부족하다 이렇게 된다. 그러니 자꾸 당파 싸움이 나오고, 이게 다 어디서 나오나 하면 철학이 부족해서 그러는 거다.

『노자・노자익 강해』 5권 77쪽

눈을 뜨는 것

깨달았다고 하는 건 통일지라는 거다. 분별지가 아니고 통일지다. 전체를 아는 것을 통일지라 그런다. 그래서 관觀이라 한다. 우주관, 우주를 전체적으로 파악했다. 세계관, 세계를 전체적으로 파악했다. 인생관, 인생을 전체적으로 파악했다 이거다. 이런 걸 보통 우리가 통일지, 그렇게 말한다. 통일지가 되면 그것을 소위 각覺이라 한다. 그 각이라 할 때 우리가 눈을 떴다, 이렇게 말한다.

『노자 · 노자익 강해』 5권 163쪽

지혜

한 생각 속에 온 세계, 온 우주에까지 갈 수 있는 그런 지혜를 얻고 싶다. 한 순간에 온 우주를 돌아다닐 수 있는 그런 지혜를 갖고 싶다.
『화엄경 강해』 3권 78쪽

분별지는 도의 방해물이다

『장자』, 내편 제7장 〈응제왕應帝王〉 마지막에 무슨 이야기가 있나 하면, 저 남쪽에 숙儵이라는 왕이 살았고, 북쪽에는 홀忽이라는 왕이 살았고, 가운데는 혼돈渾沌이라는 왕이 살았다. 남쪽의 숙이라는 왕과 북쪽의 홀이라는 왕, 둘이서 가운데 혼돈이라는 왕을 찾아 갔더니 산해진미로 잘 대접했다. 숙과 홀, 두 왕이 생각을 했다. 우리가 이렇게 잘 대접을 받았으니 뭘로 이 은혜를 갚을까 하고. 중간의 왕을 쳐다보니까 이목구비가 없는 거다. 눈도 코도 입도 없다. 그래서 두 왕은 생각하기를 우리가 이 왕한테 이목구비를 만들어주자. 그래서 하루에 구멍 하나씩 뚫었다. 귓구멍 하나 뚫고, 또 귓구멍 하나 뚫었다. 눈구멍 하나 뚫고, 또 눈구멍, 콧구멍 하나 뚫고 또 콧구멍, 입 구멍을 하나 뚫고, 해서 일곱 구멍을 다 뚫는 이렛날에 왕이 죽고 말았다.

자, 무슨 말인지? 이것이 소위 출총명黜聰明이다. 지금까지 비유지. 출총명黜聰明, 총聰이라는 것이 귀다. 명明이라는 글자는 눈이고, 이것이 지금 분별지다. 분별지를 떠나야 한다. 우리가 하나님을 믿는다는 것이 뭔가? 통일지를 가지는 거다. 통일지를 가지지 않고는 믿을 수가 없다. 우리가 부모를 믿는다 하는 것은 부모에게 대해서 통일지다. 부모에게 분별지로 대하지 않는다. 부모도 자식에 대해서 분별지는 없다. 그냥 통일지다. 사랑이라는 것이 다 통일지다. 그래서 출총명이다. 분별지를 떠나서. 왜? 분별지가 있으면 도道의 누야累也, 통일지가 되지를 않는다. 도지누야道之累也, 누累는 방해물이라는 것이다.

『노자·노자익 강해』7권 151~52쪽

분별지의 해는 한없이 크다

통일지를 가진 사람은 언제나 우주 전체를 생각한다. 역사의 시종始終을 생각하는 사람이다. 앞으로 이 나라가 천년 후에 어떻게 될까? 그런 걸 생각한다. 이 나라 전체가 어떻게 될까? 언제나 이 도라는 건 그런 거다. 내가 오늘 여기서 말한다 그러면 이 말이 천년 갈 거라 이렇게 생각하지, 이 말이 이제 내일이면 다 잊어먹어진다, 이렇게 생각은 안 한다.

이 말은 천년 갈 거다. 노자라는 책이 벌써 천년 이상 내려왔다. 이 노자라는 책은 앞으로 천년 이상 갈 책이지, 이거 뭐 도중에서 없어진다, 이게 아니다. 왜? 이게 진리니까. 없어지지 않는다. 도는 언제나 우주적이요, 언제나 역사적이지, 일시적인 것, 그건 아니다. 그렇기 때문에 도는 한없이 귀하다.

그런데 일반 사람들은 그걸 알지 못한다. 그것이 통일지라는 걸 모른다. 그리고 그만 조그만 지혜에 빠진다. 돈 몇 푼 버는 데 그만 빠지고 만다. 그리고 남의 비밀이나 캐내는 것, 그런 걸 지혜라 생각한다. 그걸 묘미라 생각한다. 그렇기 때문에 분별지의 해는 한 없이 크다.

그래서 사람들로 하여금 무지무욕無知無欲하게, 사람들을 속이지도 않고, 사람들의 물건을 탐하지도 않게, 그것이 무지무욕이다. 남을 속인다, 이런 생각도 없고, 남의 물건을 빼앗자, 이런 생각도 없이 나는 나대로 살고, 그 사람은 그 사람대로 사는 거다. 간섭할 게 하나도 없다. 난 나대로 사는 거다. 더 알 필요도 없고, 더 가질 필요도 없고, 나는 나대로 족한 거다. 사람이 분별지를 가지고 남을 지배하기 시작하면 또 남들도 분별지를 가지고 그 사람을 대하게 된다. 그러니까 서로 빼앗으려고 하게 된다. 분별지를 가지고 응하면 서로 속이고, 서로 빼앗고, 서로 죽이게 된다. 분별지란 결국 당파싸움이 되고 마는, 서로 죽이는 거다.

그래서 내가 귀하게 생각하는 건 통일지다. 통일지라는 건 덕德이다.
『노자 · 노자익 강해』 7권 159~62쪽

마음으로 보는 세계

베토벤이 달을 쳐다보고 있는데, 자기는 계속 피아노를 치고 있었다. 그런데 자기가 치는 게 아니고 자기도 치는 소리를 듣고 있는 거였다. 이제 그런 때를 초의식의 세계라 한다. 나중에 그 집에서 나오려고 하니까 장님이 베토벤더러 하는 말이 오늘 달빛은 참 아름다웠습니다. 이거 소위 관문觀門이라는 거다. 눈으로 본 게 아니다. 마음속으로 달빛을 보는 거다. 그런 세계, 그런 걸 소위 우리가 초의식의 세계라 한다. 여기선 황홀이라 그렇게 표현했다.

그건 감각의 눈으로 볼 순 없는 거다. 마음으로 보는 거다. 바울이 예수를 봤다 그럴 때도 눈을 뜨고 본 게 아니다. 그땐 벌써 눈을 못 보게 됐다. 벌써 귀도 멀었다. 눈도 못 보고 귀도 멀고서 부활하신 예수를 본 거다. 눈을 똑바로 뜨고 본 건 아니다. 눈 감고 귀먹어가지고 보는 거다. 이거는 눈으로 보는 게 아니라 소위 마음으로 본다. 우린 보통 마음으로 본다 그런다. 도는 불가견不

可見이다. 눈으로 보는 게 아니다. 수불가견雖不可見, 눈으로 보진 못하지만 비무물非無物이다. 존재가 없는 건 아니다. 그러니까 부활하신 그리스도가 있는 거지, 없는 건 아니다. 우리의 눈이 어두워서 못 보는 거다. 없는 건 아니다. 정말 깨달으면, 불교같이 깨달으면 관문觀門이다. 볼 수 있다.

『노자 · 노자익 강해』 3권 232~33쪽

관문觀門

　이 관觀이라고 하는 거, 문門이라고 하는 거, 이런 말을 많이 한다. 관觀도 꿰뚫어 보는 것, 문도 꿰뚫어 들어가는 것, 다 직관지直觀知다. 시인오입示人悟入, 관문으로 사람을 가르친다. 그래서 오입悟入, 깨달아 들어가게 한다. 그러니까 분별지에서 통일지로 가게 만든다는 말이다.
『노자 · 노자익 강해』 3권 221쪽

촛불을 꺼라

덕산이라는 사람은 금강경박사다. 주덕산周德山이다. 금강경을 강의하러 어떤 고을에 찾아갔다. 찾아갔는데 강의 시간이 1시나 2시쯤 됐다. 그래서 점심을 먹고 가야겠다 하고 점심 파는 집에 들어갔다. 보통 우리가 아는 떡집이다. 떡집에 들어가서 떡을 주시오 그러니까 떡집할머니가 당신이 지고 온 것은 뭐요? 이건 금강경에 대한 해석이요. 이 사람의 박사논문이다. 금강경의 해석이요. 그래서 이 사람의 별명이 주박사다. 아주 대단한 금강경박사다. 중국에서 금강경에 대해선 아주 최고로 아는 사람이다.

그러니까 그 할머니 말이 나도 금강경을 배웠는데 그 금강경 속에 과거심불가득過去心不可得, 현재심불가득現在心不可得, 미래심불가득未來心不可得이란 말이 있는데 미심未審, 내가 잘 모르는 게 있다. 뭘 잘 모르나. 당신 같으면 점개심點個心, 어느 마음에 점을 찍을 건가?

이것이 소위 '점심'의 시작이다. 우리가 점심이라 그러고, 점심 먹는다고 한다. 이게 점심 먹는다는 말의 근원이다. 그러니까 당신은 어느 마음에 점을 찍으려고 하는가, 이거다.

과거심에 점을 찍으려고 하는가? 미래심에, 현재심에, 어느 심에 찍으려고 하는가? 불가득不可得인데 어떻게 점을 찍는가. 찍을 데가 아무데도 없지 않은가. 이 사람이 어물어물 하니까 난 당신한테 떡을 팔 수가 없소. 그러니까 이 금강 주박사가, 금강경 논문을 많이 썼는데도 떡 한 끼 사먹을 내용이 안 되니 이 금강경을 해서는, 주석은 해서 뭐하냐 하고 나가서는 불사르고 말았다는 거다. 아주 다 불 질러버리고 말았다. 이게 말하자면 분별지 가지고는 안 된다, 지금 그 얘기다.

할머니가 지금 물어본 거는 통째로 물어본 거지, 무슨 분별지로 물어본 건 아니다, 그 소리다. 그래서 불사르고 말고, 그러고는 그 할머니한테 무릎을 꿇고 당신이 보통 할머니가 아닌데 나한테 한마디 해줄 수 없느냐 그랬더니, 내가 당신한테 한마디 할 수도 있지만 여기 더 좋은 선생님이 있다. 여기서 30리 올라가면 용담이라고 하는 데가 있는데 거기에 가면 용담스님이라고 하는 분이 계시니까 그 분을 찾아가라.

그래서 용담스님을 찾아갔다. 찾아갔더니 용담이 무슨 큰 골짜기, 폭포가 떨어지는, 그런 골짜기가 아니라 조그만 골짜기에 시냇물, 개울물만 졸졸졸 흘러간다. 용담이라고 해서 굉장한 건 줄 알고 찾아갔는데 여기선 용도 못 살고 담도 아니로구나, 그렇게 말했다.

용도 아니로구나 하는 말은 거기에 어떤 늙은 할아버지 하나가 허름한 옷을 입고 앉아있는데 별로 시원치가 않다. 이건 용도 아니고, 시냇물도 제대로 흐르는 게 아니고 개울물이니까 이건 담도 아니로구나, 그렇게 말한 거다.

그러니까 그 할아버지가 하는 말이, 아니, 네가 찾아온 여기가 용담이고, 너하고 마주 선 내가 용이다 그러면서 들어와라. 그래가지고 며칠 동안 금강경을 강의해줬다. 이렇게 해야지, 너처럼 그렇게 하면 안 된다고 가르쳐준 거다. 유명한 말이다.

어느 날 밤, 밤늦게까지 선생님의 강의를 듣고 자기 암자에 가서 자려고 밖으로 나왔다. 밖으로 나왔더니 너무 캄캄해. 산이 얼마나 컴컴해. 선생님더러 도저히 숙소까지 찾아갈 수 없으니 촛불을 하나 켜 달라 그랬더니 촛불을 하나 탁 켜 줬다. 촛불을 가지고 길을 찾아가려고 일어서는데, 일어서는데 어떻게 했나? 촛불을 훅, 선생님이 끄고 말았다. 그래서 할 수 없이 가만 앉아 있는데 더 캄캄해. 촛불이 꺼졌으니까.

한참 앉아 있으려니까 훤하게, 아까 말한 것처럼 황홀이 된 거다. 훤하게, 그리고 멀리 별빛이, 아까 말한 요명窈冥이라는 거다. 멀리 별빛이 보여. 그래 차차, 차차 밝아져서 산등성이가 드러나고, 시냇물이 빛나고, 길바닥이 보이기 시작했다. 그래서 길바닥을 따라서 자기 자는 데까지 터벅터벅 갔다는 거다.

자, 이것이 아까 말한 정精과 진眞과 신信이라는 거다. 불은 왜 껐겠는가? 촛불은 왜 껐을까? 분별지로 해서는 안 된다 이 말이다. 분별지가 아니다. 저 별빛은 뭔가? 이건 통일지다. 촛불은 끌 수 있지만 별빛은 끌 수 없다. 이게 영원한 빛이라. 이것이 직관지다. 너도 분별지 가지고는 안 된다. 통일지가 돼야지. 통일지로 보니까 어떻게 되느냐? 정精과 진眞과 신信이 보이기 시작했다, 그 소리다. 『노자 · 노자익 강해』 3권 217~20쪽

제8장 실상의 세계

끝을 낸 사람

깬 사람, 끝을 낸 사람, 이런 삶이 부처다. 부처는 우리말로 각覺이라고 번역한다. 깬 사람이다. 깬 사람만이 깨끗한 사람이요, 끝을 낸 사람이다. 모든 애착에서 끝을 낸 사람이다. 깨끗한 땅이 정토요, 깬 사람, 끝낸 사람이 불타佛陀다.

『푸른 바위에 새긴 글: 벽암록 풀이』〈머리말〉

행行과 믿음은 둘이 아니다

진리를 깨달은 후에는 생명을 얻고 행의 세계가 남아있는 것뿐이다. 마치 의학을 배운 사람이 의술을 가지고 환자를 고쳐주듯이, 진리를 깨달은 사람은 생명을 가지고 세상을 구원하는 사랑의 실천이 있을 뿐이다. 설봉의 말은, 아직도 어머니 주변을 맴돌고만 있지 말고 어서 네 마음대로 산천을 뛰어다니며 풀을 뜯어먹고, 너도 어른이 되어 새끼를 낳고 또 길러보라는 것이다.

새끼를 기르고 살림을 하는 것은 쉬운 일이 아니다. 나를 보라, 천오백 명의 새끼를 기르려면, 밥하랴, 빨래하랴, 집 청소하랴, 눈코 뜰 새 없이 바쁘구나. 진리를 깨달은 후에 무슨 밥을 먹느냐고? 밥이 따로 있느냐. 일밥을 먹는 것이다. 일하는 것이 밥이다. 하나님이 일하시니 나도 일한다. 밥 먹는 것이 일이다. 하나님을 믿는 것이 나의 일이다. 일하는 것이 밥이요, 밥 먹는 것이 일이다. 일과 밥, 행과 믿음은 둘이 아니다.

사랑의 실천이 그대로 일이요, 사랑의 실천이 그대로 밥이다.

행의 세계에서는 사랑이 일이요, 사랑이 밥이다. 아기를 사랑하는 것이 어머니의 일이요, 그것이 어머니의 밥이다. 어머니는 아기가 먹는 것을 보면, 자기는 안 먹어도 그대로 배가 부르다. 어머니는 밥을 먹는 것이 아니라 마음을 먹고, 땅 일을 하는 것이 아니라 하늘 일을 하고 있는 것이다. 마음이 하늘이요, 하늘이 마음이다. 밥. 일. 일. 밥.

월간『사색』80호 〈벽암록〉

십자가를 질 때 깨닫게 된다

성숙해지는 것이며, 어른이 되는 것이다. 사람이 되는 것이다. 자기의 짐은 자기가 질 수 있을 만큼 양심과 인격이 되는 것이다.

내가 죽을 터이니(대사일번大死一審) 내 시체를 뗏목으로 삼아서 그것을 붙잡고 너나 살아라 하는 것이 십자가의 사랑이다. 같이 살자는 것이 아니다. 나는 죽고 너는 살아라, 이것이 자비다. 온 세계가 불바다가 될 때 영혼이 있느냐고 물을 것이 아니라 온 세계가 불바다가 되기 전에 내가 불바다가 되어 너를 살려주는 것이 영혼 있는 사람이다. 그것이 하나님의 아들이다.

물에 뛰어들면, 머리를 물속에 집어넣으면, 이상하게도 물위에 떠오른다. 그것이 하나님의 사랑이다. 그것이 부활이다. 죽고자 뛰어들었는데 죽지를 않고, 빠지자고 뛰어들었는데 빠지지를 않고 떠올라온다. 이것이 바닷물의 공덕이요 하나님의 사랑이다. 이 사랑을 뼈저리게 느낄 때 하나님이 살아있다고 말하지 않을 수가 없고, 바다가 있다고 할 수밖에 없다. 이것이 존재의 세계이다. 그러나 가만히 따져보면 내 폐 속에는 벌써 공기가 들어가 있다. 이 공기 때문에 떠오르는 것이 아닐까. 이것이 견성성불見性成佛이다.

그러기 위해서는 물속에 뛰어들어야 한다. 그것이 직지인심直指人心이다. 하나님 품에 뛰어드는 것이다. 말이나 글이 아니다(교외별전敎外別傳 불립문자不立文字). 실제로 고해 속으로 뛰어드는 것이다. 뛰어들 때(직지인심直指人心) 자기가 부처임을 깨닫게 되는 것이다. 십자가를 질 때 자기가 부활함을 깨닫게 된다. 물의 힘으로 떴다고 해도 좋고, 하나님의 힘으로 산다고 해도 좋다. 나의 폐에 공기가 들어서 떴다고 해도 좋고, 견성성불이라고 해도 좋다. 요는 직지인심이요, 제법무아가 되어 무상 속에 뛰어드는 제행무상, 남의 고苦를 대신 지는 일체개고一切皆苦가 있어야 한다. 아무 말도 없이, 아무 글도 없이 직지인심하기 전에는 견성성불은 어려울 것이다.

월간『사색』68호 〈벽암록〉

세상에 봄이 오면

　남천南泉의 나비는 늘 있었다. 언제나 꽃 옆에 붙어 다녔다. 자도 조주趙州, 깨도 조주, 부모의 마음이야 자식을 떠날 새가 있을라고. 그러나 부모의 마음을 알 수 있는 때가 언제일까. 자식이 다시 부모가 될 때만이 부모의 마음을 알 수 있을 것이다. 계란을 깨고 나올 때에만 병아리는 어미 닭을 볼 수 있을 것이다. 조주의 무대가리가 땅 위에 기어 나오듯, 계란이 변하여 병아리가 되었을 때에만 어미 닭을 볼 수 있을 것이다. 나타난 이를 볼 수 있는 자는 피어난 이뿐이다. 하나님을 볼 수 있는 것은 깬 나뿐이다.

　마음이 깨끗한 사람은 복이 있나니 그는 하나님을 볼 것이라고 한다. 깬 나, 깨끗한 나, 성숙한 나, 피어난 나, 하나님을 위하여 생명을 내놓은 나, 진리를 위하여 생명을 바친 나, 정말 진리를 사랑하는 피어난 나만이 진리의 나타남을 볼 수 있을 것이다. 삭발했다고 모두 중이 아니다. 그것은 흔해빠진 무대가리에 불과하다. 목 위에는 무밖에 없다. 그런 머리 가지고는 하나님을 볼 수가 없을 것이다. 생각하는 머리가 되어야 한다. 생각하고, 생각하고, 생각이 끊어져서 정말 무념무상이 될 때, 그때 하나님은 있게 될 것이고, 피어난 내가 있게 될 것이다. 불을 볼 수 있는 것은 불뿐이다. 그들은 불을 위해서 생명을 내놓은 사람들이다. 진리를 위해서 상신실명한 사람만이 진리를 볼 수 있는 것이다.

봄은 사랑이다. 사랑만이 봄을 볼 수가 있다. 세상에 봄이 오면 봄 아닌 것이 없다. 꽃도 봄이요, 나비도 봄이요, 풀도 봄이요, 흙도 봄이요, 일체가 봄이다. 봄이란 말 대신에 부처님이라고 해도 마찬가지다. 남천도 부처요, 무도 부처요, 조주도 부처요, 어떤 중도 부처이다. "일체가 부처인데 이제 새삼스레 무엇을 묻고 있느뇨" 하는 조주의 불평인지도 모른다.

월간 『사색』 69호 〈벽암록〉

손가락 하나

진리를 깨달은 사람들이란 자기가 없다. 자기가 없는 사람들에게 인연이 있을 까닭이 없다. 해가 뜬다고 해와 무슨 인연이 있겠는가. 이런 사람들은 거저 사는 사람들이다. 거저 사는 사람처럼 세상을 사랑하는 사람은 없다. 그들은 스스로 있는 것뿐이지만 마치 산처럼 모든 사람을 그리로 끌고 가고, 모든 사람의 눈을 높여주고, 모든 사람에게 아름다운 세상을 보여줄 수가 있다. 산은 하나의 흙덩이가 위로 솟은 것뿐이지만 산 전체가 하나의 손가락이요, 지구도 손가락이요, 우주도 하나의 손가락이다. 그들은 있는 그것만으로 다른 이유 없이 우리를 살려주고 있다. 일생 써도 다 못 쓰는 손가락처럼, 해도 일생 써도 다 못 쓰고, 달도 일생 써도 다 쓸 길이 없다. 일생 써도 다 못 쓸 것을 붙잡고 사는 사람이 깨달은 사람이다.

무엇을 붙잡아야 일생 쓰고도 다 못 쓸까. 아무것이나 좋다. 하나를 잡아라. 그것이 자기 자신이건 자기의 손가락이건 아무

것이라도 좋다. 그것을 붙잡으면 살고 그것을 놓치면 죽는다. 그것은 누구에게나 다 주어진 것이다. 그것을 불성佛性이라고 하고 진여眞如라고도 하는데 진여나 불성은 일생을 써도 다 못 쓰는 손가락이지 그 이외에 다른 물건이 있을 리가 없다. 어디 손가락뿐이랴. 입도, 코도, 눈도, 몸도, 우주도, 세계도 무엇 하나 일생을 쓰고 남지 않을 것이 있으랴.

일체가 진리요, 일체가 생명이요, 일체가 부처이다. 부처를 부처로 깨달으면 된다. 손가락이 부처다. 입이 부처다. 눈이 부처다. 부처님을 존경만 하면 그것으로 족하다. 지금까지 너무 무시했던 사람들은 깊이 반성할 필요가 있다. 손가락 하나, 입 하나, 돌 하나, 무엇 하나 귀하지 않은 것이 없다. 아끼고 또 아끼는 것이 구지의 깊은 사랑이요, 그것이 인류를 사랑하는 길이지 그밖에 아무것도 아니다. 구지의 사랑, 그렇게 깊다는 그 사랑도 손가락 하나를 있는 그대로 쓴 사랑이리라.

월간 『사색』 61호 〈벽암록〉

깬 정신

부처란 별것이 아니다. 깬 정신이다. 즉심성불卽心成佛이다. 뜰이 더러우면 쓰는 것이 부처요, 모르는 것이 있으면 묻는 것이 부처요, 할 일이 있으면 하는 것이 부처지 가만히 앉아 있다고 부처가 되는 것이 아니다. 짐을 끌 것이 있으면 끌고, 태울 사람이 있으면 태우고, 뛸 때는 뛰고, 먹을 때는 먹는 것이 망아지인 것뿐이다. 망아지가 뛸 때 망아지인 것처럼 마조馬祖는 남악南嶽 밑에서 오랫동안 지성을 다하여 배운 결과 자기의 본질을 발견하고 도일道一선사로서 그의 도명道名을 떨치게 된다.

깨달았다는 것은 깨달은 것이 아니다. 깨달았다는 말은 힘을 갖는 것이다. 참기 어려운 것을 참고 돌아와서 다시 머리를 숙이는 현측玄則처럼 겸손하게 머리를 숙이고 스님 앞에 엎드려 자기의 본질을 알아내는 것이 깨닫는 일이다. 그리하여 결국 망아지가 되어서 천리를 뛰어도 고단한 줄 모르고, 만리를 달려도 피곤한 줄 모르는 생명의 약동, 이것이 부처요, 산 사람이다.

이러한 생명의 약동은 거저 되는 것도 아니고, 하루 이틀에 되는 것도 아니다. 아무리 좋은 스승을 만났다고 한들 영어 독일어가 하루 이틀에 되는 것도 아니고, 과학 철학이 하루 이틀에 되는 것도 아니다. 달구지가 가지 않을 때에 달구지를 때려야 하나, 소를 때려야 하나. 소머리가 으스러지도록 소를 때려야 한다. 우리들의 머리는 소머리다. 소머리와 무엇이 다르랴.

그러나 우리는 본래 소가 아니다. 말이다. 말씀이다. 말씀이 곧 하나님이요, 마음이 곧 부처다. 말씀이 통해야 하나님이 통하고, 마음이 열려야 부처가 된다. 마음은 나는 것도 아니고 죽는 것도 아니요, 더하는 것도 아니고 덜 하는 것도 아니다.

월간 『사색』 44호 〈벽암록〉

산꼭대기에 서야 한다

설봉雪峰은 마침내 마음을 가라앉혀 이번 기회에 견성성불見 性成佛할 결심을 가졌다. 설봉은 덕산德山한테 가서도 모든 사람들이 하기 싫어하는 식모 일을 맡았다. 배우고 닦고 할 수 있는 최선의 힘을 다 하였다. 그러나 마지막 한 고개가 넘어가지 않았다. 무엇인가 눈앞에 한 장 엷은 종이가 가리어져 있었다. 그것이 비록 한 장이라 할지라도 그것은 만萬 장이나 다름이 없었다. 눈에 먼지 하나가 들어 있어도 눈을 못 뜨기는 마찬가지다. 먼지 하나나 지구덩이나 무엇이 다를까. 일념이 삼천이요, 일 겁이 영겁이요, 한마디 거짓이 전 인격을 멸망으로 인도하기는 종이 한 장이 눈을 가리나, 종이 만 장이 눈을 가리나 마찬가지다. 선禪에서 견성성불 하기까지는 초년병이나 육군대장이나 마찬가지다.

하나님 앞에서는 성범聖凡이 모두 죄인이며 성범의 구별이 없다. 도리어 자기의 부족함을 알고 있는 죄인이 자기의 부족함을 모르는 바리새교인보다 얼마나 나은지 모른다.

지식의 세계에서도 마찬가지다. 각자覺者가 되기 전에는 학자나 학생이나 마찬가지다. 학자라고 해서 교만한 꼴을 하는 사람은 겸손한 학생보다도 얼마나 못한 것인지 모른다. 부처가 되기 전에는 백 보나 오십 보나 마찬가지다. 백 보가 오십 보보다 낫다고 생각하기 때문에 이 세상은 더욱 나빠져 간다.

 설봉은 그것을 알고 있었다. 설봉이 괴로워하는 것도 그것 때문이다. 산 밑에 선 사람에 비하면 산마루에 가까운 설봉은 한없이 높은 세계에 살고 있었다. 그러나 설봉은 산꼭대기에 서야 한다. 산꼭대기에 서서 온 천하를 돌볼 수 있는 사람 없이는 천하는 구원 받을 가망이 없다. 세상에는 언제나 동서남북을 다 바라볼 수 있는 도에 통한 사람이 필요하다. 그런 사람이 한 사람이라도 좋다. 진리는 언제나 한 사람에 의하여 계승되는 것이지 수많은 사람이 다 진리를 깨달을 필요는 없다. 석가를 계승한 사람이 가섭이면 족하다. 한 사람의 각자覺者가 있으면 그다음 사람들은 그 덕으로 산에 올라가지 않아도 평안하게 살 수 있을 것이다. 그러나 그 한 사람이 나오기까지는 수많은 사람이 저마다 견성성불 하겠다고 노력을 해야 한다. 그 가운데서 한 사람이라도 부처가 된다면 얼마나 다행한 일인가.

월간 『사색』 46호 〈벽암록〉

길

내가 잘났다는 것이 길이 아니라 배우는 것이 길이다. 다 안다는 것이 길이 아니라 알고자 하는 것이 길이다. 진리를 깨달았다는 말은 다 알았다는 말이 아니라 죽을 때까지 배우고 싶다는 말이다. 배워서 무슨 학자가 되겠다는 것이 아니라 나보다 못한 사람들에게 알려주겠다는 것이다. 내 것이라든가, 내가 가지겠다든가, 내가 되겠다는 것이 아니다. 가지면 무엇하고, 되면 무엇하며, 내 것이 어디 있는가. 물도 내 물이 아니고, 돈도 내 돈이 아니고, 생명도 내 생명이 아니고, 마음도 내 마음이 아니다. 다 전체의 것이다. 전체의 것을 받아서 전체로 돌리는 것뿐이다. 거저 받는 마음, 거저 주는 마음, 받고 싶은 마음, 주고 싶은 마음, 거저 받고 거저 주어서 사는 날까지, 힘 있는 데까지 한결같이 가는 것뿐이다. 그것이 길이요, 그것이 자유다.

월간『사색』54호 〈벽암록〉

끊어진 시간

학교 선생이 되고, 종교지도자가 되면 밤낮 같은 소리만을 되풀이 하면서 평생을 보내게 되는 수가 많다. 오늘도 큰소리치고, 또 내일도 큰소리치면서 마치 바람에 흔들리는 허수아비처럼 아무 의미 없는 삶을 계속하는 사람들이 얼마나 많은가. 오늘도 공장에서 쇠를 깎고, 내일도 밭에서 풀을 뜯고, 오늘도 학교에서 강의를 하고, 내일도 교회에서 설교를 하고, 하루하루 시간에 쫓겨서 사는 인생이 얼마나 많은가.

목주睦州의 말대로 세 번 네 번 소리를 쳐서 도대체 어떻게 하자는 것이냐. 밥을 먹고, 싸고, 세월을 보내서 도대체 어떻게 하자는 것이냐. 목주의 말은 무서운 말이다. 시간은 끊어져야 시간이지, 끊어지지 않으면 시간이 아니다. 시간은 때 시時와 사이 간間이 합쳐서 된 것이다. 끊어진 것이 시간이요, 이 끊어진 시간을 사는 삶만이 정말 인생이다.

시간은 계속되는 것이 아니다. 오늘도 내일도 계속된다면 그것은 시간이 아니다. 오늘과 내일은 끊어져야 한다. 오늘은 오늘로서 살고, 내일은 또 내일로서 살아야 한다. 오늘의 나와 내일의 나는 계속된 것이 아니라 오늘은 오늘의 나요, 내일은 내일의 나다. 오늘도 새 오늘이요, 내일도 새 오늘이다. 마치 샘이 오늘도 새 물이요, 내일도 새 물인 것처럼 오늘도 새 하루요, 내일도 새 하루가 되어야 한다. 그것이 참이요, 그것이 사는 것이다.

그런데 오늘도 하루요, 내일도 하루요, 밤낮 같은 하루라면 그것은 계속하는 하루요, 묵은 하루요, 죽은 하루요, 썩은 하루지 산 하루가 아니다. 산 하루는 끊어져야 한다. 어제와 오늘은 같은 하루가 아니다. 어제와 오늘은 전혀 다르다. 어제와 오늘이 연결된 것은 아무것도 없다. 전후는 완전히 끊어져 버렸다(전후제단前後際斷).

하루를 더 살고 죽는 것이 아니다. 오늘은 오늘로 장사지내고 내일은 내일로 장사지내는 것뿐이다. 세상에는 오래 사는 것을 복이라고 생각하는 사람들이 있다. 그러나 그것은 망상에 불과하다. 천년을 살면 어떻고, 만년을 살면 어떠랴. 그것은 껍데기에 붙은 망상에 지나지 않는다.

천년을 살아도 그것이요, 만년을 살아도 그것이다. 죽은 하루를 천 번을 곱하건, 만 번을 곱하건 그것은 죽은 하루지 산 하루는 아니다. 시간의 축적이 영원은 아니다. 그것은 장시간長時間일 뿐이다. 영원은 시간을 초월하는 데 있는 것도 아니다. 시간을 초월한 세계는 시간 없는 세계요, 무시간이지 영원이 아니다. 영원은 찰나 속에 있고, 끊어진 시간 속에 있다. 끊어진 시간만이 산 시간이요 그것이 참 시간이다.

참은 빈 깡통이 아니다. 참은 껍데기가 아니라 속이요, 찰나이다. 찰나를 사는 것이 참이다. 시간을 초월한 동시에 시간에 내재하는 것이 참이다. 하루를 알차게 사는 것이다. 내일을 바라는 것도 아니고, 어제를 그리워하는 것도 아니고, 오늘을 뜻있게 살자는 것도 아니다. 일체를 초월하여 일체에 내재해서 사는 것뿐이다. 그것을 끊어진 시간이라고 한다. 하루를 사는 것뿐이다. 하루를 사는 것이 영원을 사는 것이다.

오늘은 끝을 맺는 것이 아니라 오늘이 터져 나오는 것이다. 오늘도 터져 나오고, 내일도 터져 나오고, 모레도 터져 나오는 샘솟는 하루하루, 그것이 사는 것이다.

월간 『사색』 55호 〈벽암록〉

자기에게 대들다

공자도 인仁에 대해서는 양보해서는 안 된다고 한다(당인불겸사當仁不謙師). 사람 되는데 누구에게 양보하랴. 양보하면 토끼 새끼요 쥐새끼지 사자새끼는 못된다. 사람 되는 문제에 있어서는 아무한테도 양보할 수 없다. 부모님에게도 선생님에게도, 아니 하나님에게도 양보할 수가 없다. 하나님이건 선생님이건 부모님이건 대드는 것이다. 그래서 하나님보다 더 나아지고, 선생님보다 더 나아지고, 부모님보다 더 나아지는 것이 신앙이요, 효孝요, 제자다. 부모님이 가장 기뻐하는 것이 있다면 자식이 부모를 이기는 것이다(기자승어부其子勝於父).

석가가 우리에게 가르친 것이 무엇일까? 석가에게 맞서라는 것이다. 대들라. 그것이 팔만대장경이요, 49년의 설법이다. 대들란 말은 입장을 가지라는 말이다. 선생이란 별것이 아니다. 하나의 입장을 가진 사람이다. 석가도 별것이 아니다. 하나의 입장을 가진 사람이다. 어느 산봉우리에 서서 온 천하를 내려다보고 한

소리가 49년 설법이요 팔만대장경이지 별것인가. 마치 큰 봉, 작은 봉, 뾰족한 봉, 둥근 봉처럼 나누면 소승小乘이요, 대승大乘이요, 돈頓이요, 원圓이 될 것이고, 계절에 따라 봄의 꽃, 여름의 물, 가을의 단풍, 겨울의 눈, 이런 식으로 보면 법화法華니 화엄華嚴이니 반야般若니 금강金剛이니 하는 경들이 되겠지만 하여튼 하나의 산꼭대기에 올라가서 하는 소리이지 골짜기에서 보고 지르는 소리는 아니다.

　석가가 우리에게 가르친 것은 우리도 산꼭대기에 올라가서 (향상일로向上一路) 하나의 입장을 얻어서 온 세상을 한번 보라는 것이다. 석가가 금강산에 올라가보면 나는 지리산에 올라가보고, 석가가 묘향산에 올라가 보면 나는 백두산에 올라가 본다. 석가는 누구고, 나는 누구인가. 석가도 불성을 가졌고, 나도 불성을 가졌지, 석가만 올라가고, 나는 밑에 있으라는 법이 어디 있을까. 모두 불성이 있다는 말은 누구나 올라갈 수 있다는 말일 것이다.

　그러기 위해서는 석가와 경쟁을 해야 한다. 석가가 뛰면 나도 뛰고, 석가가 앉으면 나도 앉는다. 석가가 출가하면 나도 출가하고, 석가가 육 년 고행하면 나도 고행하고, 석가가 깨달으면 나도 깨닫고, 석가가 설법하면 나도 설법한다. 똑같은 불성을 가진 내가 왜 석가한테 지느냐 말이다. 질 이유가 하나도 없다.

　이렇게 해서 석가를 이겨야 그것이 석가의 참 제자요, 석가의 친구이다. 석가도 못 올라갈 높은 봉우리에 서서 석가가 야호 하면 나도 야호 하고, 부르면 대답하고, 들면 치는 번개 같은 호응

없이는 정말 살았다고 할 수가 없을 것이다. 석가의 49년 설법이 도대체 무엇이냐. 석가와 맞서라는 것이다. 선생에게 대드는 학생, 아버지에게 대드는 아들, 하나님께 대드는 사람이 아니고서야 어떻게 제자요, 아들이요, 신도라고 할 수 있으랴.

그러기 위해서는 선생에게 대들기 전에 자기에게 대들어야 한다. 자기를 이긴 사람만이 선생에게도 이길 수 있을 것이다. 불교에서는 나를 세 가지로 분석한다. 탐욕貪慾과 진노瞋怒와 치정痴情이다. 나라는 것은 탐욕과 진노와 치정이 합친 것이다. 나를 이긴다는 것은 탐욕과 진노와 치정을 이긴다는 것이다. 소위 탐진치貪瞋痴 삼독三毒을 빼버려야 내가 살 수 있다. 치정을 끊는 것이 출가요, 탐욕을 끊는 것이 성불이요, 진노를 끊는 것이 설법이다.

석가란 별것이 아니다. 자기를 이기는 것이다. 산중의 적은 이기기 쉬워도 심중의 적은 이기기 어렵다는 말이 있지만 이렇게 어려운 것을 싸워 이기는 것이 정말 싸우는 것이니 자기와 싸우지 않는다면 싸운다고 할 것이 없지 않을까. 그래야 운문雲門의 대일설對一說이 실감나게 내 것이 될 것이다.

월간 『사색』 57호 〈벽암록〉

도일설도―說

석가는 세상을 떠난 사람이 아니라 세상에 들어온 사람이다. 석가는 이상세계를 사는 사람이 아니라 현실세계를 사는 사람이다.

물론 이 현실은 이상을 지나온 현실이다. 이상세계에서 머무는 것이 아니라 이상에서 다시 돌아온 현실이다. 사람들은 누구나 현실을 떠나 이상으로 간다. 시골을 떠나 서울로 올라오는 것이나 마찬가지다. 그런데 일단 이상에 다다르면 현실로 되돌아갈 생각은 안 한다. 한번 이상에 도취되면 이상의 술에서 깰 생각을 안 한다. 이상에서 깨어나 현실로 돌아가야 이상에 갔던 보람이 있을 터인데 세상에는 학교에 입학만 하지 졸업을 못하는 학생들이 얼마나 많은가. 교회에 입교만 하지 졸업 못하는 교인이 얼마나 많은가. 일생 학생이요, 일생 교인이다. 밤낮 낙제만 거듭하여 끝내 졸업할 줄 모르는 낙제생들에게 운문雲門은 도일설도―說이라고 소리를 지른다.

학교도 졸업하고, 교회도 졸업하고, 종교도 졸업하고, 철학도 졸업하고, 아무튼 졸업하라는 것이 석가의 가르침이지 입학만 시켜놓고 자연에 관하여, 인생에 관하여, 신에 관하여 밤낮 설법만 하고 있는 것이 석가의 가르침이 아니다. 석가란 별것이 아니다. 열반을 졸업하고, 극락을 졸업하고, 영원히 사바세계에서 중생과 같이 신음하고, 중생과 같이 고민하고, 중생과 같이 죽어가는 베서 근, 그것이 부처이다. 오늘도 졸업하고, 내일도 졸업하고, 죽고 죽어 매일 죽자는 것이 석가의 도다. 살자는 것이 아니다. 도일설, 죽자는 것이다. 입학하자는 것이 아니다. 졸업하자는 것이다. 밤낮 부처가 무엇이냐고 야단들 하지 말아라. 부처를 졸업해 버릴 수가 없을까?

어떤 사람은 부처라는 말만 들어도 귀가 더러움 탄다고 강물에 가서 씻었다고 한다. 뜻을 알았으면 말은 잊어버리고 말아야지 밤낮 불교에 붙어 있으려고 하면 옛날 세상에 붙어 있는 것과 무엇이 다르랴. 쇠사슬로 매어 있는 것이나 금사슬로 매어 있는 것이나 무엇이 다르랴. 모두 매어 있기는 일반이 아니냐. 생生에서부터 해탈만 해서는 안 된다. 사死에서부터 다시 해탈해야 한다. 생사를 모두 초월해야 하는 것이 부처다. 현실을 떠나서 이상으로 가고, 이상을 떠나서 다시 현실로 돌아올 때 참 부처는 형성된다.

석가에 대립하여 이상세계에 올라가는 것을 대일설對一說이라고 하면, 다시 산꼭대기를 떠나서 시냇물이 흐르는 마을로 내려오는 것이 도일설倒一說이다. 대일설, 도일설은 둘이 아니다. 둘이면서 하나이다. 서울에 와서 공부하고 다시 시골로 돌아가는 지성인이 많아야 농촌이 깰 수 있는 것처럼 이론의 세계에서 다시 현실의 세계로 돌아가는 것이 도일설이다. 대일설이 지혜라면 도일설은 자비이다.

열반부주涅槃不住의 보살이 되어 일체 중생이 성불하기까지는 부처가 되지 않겠다는 보살원이야말로 대승 불교의 극치라고 할 수 있을 것이다. 이 세상을 초월한 세계에 대해서 말해 달라는 중의 물음에 대하여 운문의 도일설은 천지를 뒤집어엎는 대격동이 아닐 수 없다. 설두雪竇는 도일설을 한없이 칭찬하여 찬송을 부른다.

"도일설분일절倒一說分一節 동사동생위군결同死同生爲君訣 팔만사천비봉모八萬四千非鳳毛 삼십삼인입호혈三十三人入虎穴 별별別別 요요총총수리월擾擾恩恩水裏月."

도일설, 네 생각을 뒤집어엎으면 석가의 생각이 분명해질 거야. 이 속세에 살면서 중생과 같이 죽고, 같이 사는 것이 석가의 비결이야. 석가의 제자가 팔만 사천이나 된다고 하지만 그들은 석가의 참뜻을 안 사람들인 봉황새가 아니야. 석가의 참뜻을 안 사람은 가섭 한 사람과 그의 후계자 달마까지 스물여덟 명, 그리고 중국의 혜가 2조부터 혜능 6조에 이르는 다섯 명과 합하여 서른세 명뿐이다. 그 사람들만이 범을 잡기 위해서 범굴에 들어간 사람들이다. 그렇다고 해서 특별할 것도 없지만 하여튼 그들은 하늘에 떠 있는 달님이 아니야. 바람소리 요란하고 미친 듯 날뛰는 파도 속으로, 물에 빠진 사람을 건져주려고 물속에 뛰어든, 물속의 달님이야. 하늘의 달이 아니야. 대일설을 뒤집어엎은 물속의 달님이지. 세상에는 석가를 졸업하지 못해서 세상으로 뛰어들어가지 못하고 달을 가리키는 막대기를 쫓아다니는 강아지처럼 밤낮 부처님만 찾고, 밤낮 염불로 세월을 보내는 맹추들이 너무 많다. 그들을 위하여 운문은 이런 소리를 했다.

"세존초생하世尊初生下 일수지천一手指天 일수지지一手指地 주행칠보周行七步 목고사방운目顧四方云 천상천하유아독존天上天下唯我獨尊 사운사운師云 아당시약견我當時若見 일봉타살一棒打殺 여구자끽각與拘子喫却 귀도천하태평貴圖天下太平."

이 말이야말로 진정으로 자유를 사랑하는 불교의 핵심이 무엇인가를 잘 보여준다. 만약 내가 석가 탄생 시 자기가 세상에서 제일 잘났다고 고백하는 것을 들었다면 석가를 몽둥이로 박살을 내서 개밥으로 넣어주었을 것이라는 말이다. 세상에 폭언이 있다면 이 이상의 폭언이 없을 것이고, 세상에 불경不敬이 있다면 이 이상의 불경이 없을 것이다. 그러나 이런 말이 없었더라면 불교는 영원히 우상숭배가 되었고, 내세 종교가 되었을 것이다. 천상천하에 유아독존은 석가에 한한 것이 아니다. 일체 중생이 실유불성悉有佛性이요, 초목국토가 모두 부처 아닌 것이 없는데 건방지게 조그만 것이 무엇이 잘났다고 손을 들고 야단쳤을까.

어느 날 중들이 운문을 찾아가서 "선禪은 너무도 심오하고 초연하여 도저히 중생은 가까이 할 수 없는데 선생님은 선으로도 중생이 구원된다고 생각하십니까?" 하고 물었다. 운문은 그 말을 듣고 "구원될 수 없겠지" 하고 대답했다. 이 말을 전해들은 선승들은 화가 머리끝까지 치밀어 그 말을 취소하라고 덤벼들었다. 그 말을 들은 운문은 이렇게 골탕을 먹였다.

"너희들이 구원되지 못했으니까 구원될 수 없다는 거지."

이미 자기들은 구원받았다고 자처하는 놈이나, 교리가 흔들리면 밥벌이가 떨어질까 봐 겁을 먹는 놈이나 모두 구원받지 못한 것만은 사실이다. 운문은 자기의 구원을 내동댕이치고 남의 구원만을 문제 삼는 사람들에게 도일설을 부르짖는다. 가엾은 무리들, 그들은 석가, 달마도 수도 중이란 말을 듣지 못했을까. 그들은 언제 자기를 구원하고 또 다시 도일설하여 남을 구원할 수 있을까. 석가, 달마도 수도 중이란 말은 그들의 기원이 너무도 크기 때문에 그렇다. 모든 중생을 다 부처로 만들기 전에는 그들은 부처가 될 수 없기 때문이다.

마치 사람들을 버스에 다 태우기 전에는 버스를 타지 않는 차장과 같아서 모든 중생을 다 구원하기까지 자기는 성불하지 않겠다는 것이 부처의 도일설의 심정이다. 이런 심정도 모르고 유아독존으로 떠들어대는 사람들의 마음이 가엾기 짝이 없다. 운문이 몽둥이로 박살내서 개밥에 넣지 않았으면 세상의 건방진 도깨비들이 뒤를 이어, 중생을 구원하는 것이 아니라 중생을 지옥으로 몰아넣고 세상을 피바다로 만들고 말았을 것이다. 운문의 폭언, 폭행이야말로 평화건설에 큰 돌이 되지 않을 수 없었을 것이다.

어느 날 운문은 은은히 들려오는 종소리를 듣고 있다가 이렇게 탄식했다.

"세상은 한없이 넓구나. 그런데 왜 종소리에 옷을 입혔지?"

부처뿐만 아니라 세상은 한없이 넓고 깨끗하다. 사람의 마음도 마찬가지다. 그런데 그 아름다운 종소리에 더러운 옷을 입히고, 그 아름다운 부처에게 누더기를 입히듯 주석이니, 해석이니 하는 것들을 이리 붙이고, 저리 붙여 종소리조차도 울리지 못하게 하고, 철학이니 종교니 선이니 교니 하고 야단법석을 떨며 종소리에 옷을 입히듯 불도를 쓰레기로 뒤덮은 것이 얼마나 많으냐. 이 모든 갈등을 떨쳐 버리고 부처란 말만 들어도 귀가 더러워졌다는 불도들이 언제나 나올까. 도일설, 일체를 뒤집어 훨훨 벗어버리고 정말 자유인이 되어서 종소리를 들을 수는 없는 것일까. 종에 옷을 입혀야 종소리가 들리는 것일까.

종소리에 옷이 어디 있고, 부처의 도가 어디 있을까. 부처가 어디 있고, 중생이 어디 있고, 선이 어디 있고, 교가 어디 있나. 종소리뿐이다. 산을 넘고, 들을 넘고, 물을 넘고, 집을 넘어 한없이 울려 퍼지는 자유의 종소리가 은은히 들려온다. 누가 감히 이 종소리에 옷을 입히고, 투구를 입히고, 칼을 채워주랴. 어떤 사람은 운문으로부터 소리를 듣고 길을 알았고, 빛깔을 보고 마음을 밝혔다고 했더니 운문이 그것이 무슨 말인가 하고 반문했다가 다시 혼자서 중얼거리며 빙그레 웃었다.

"관세음보살이 돈을 가지고 와서 호떡을 샀는데 알고 보니 그것이 만두였다지."

백은白隱은 먼 산에서 들려오는 종소리를 듣고 도를 깨치고, 향엄香嚴은 대나무 쪼개지는 소리를 듣고 그의 심성이 열렸다고 하며, 무문無門은 밥 먹으라는 종소리에 활연대오豁然大悟 했다고 한다. 영운靈雲은 복숭아꽃이 피는 것을 보고 이십년간 쌓였던 의심이 풀어지고, 시인 황산곡黃山谷은 물푸레나무의 향기를 맡고 대각했다고 한다.

깨닫고 보면 진리니 생명이니 하는 것은 다른 데 있는 것이 아니다. 누구나 다 본래 진리임을 알 수 있을 것이다. 지금 번뇌니 고민이니 하는 것이 모두 본래 보리요, 정념이었다는 것을 알 수 있게 될 것이다. 호떡인 줄 알았는데 사다 먹어보니 만두라는 것이다. 내가 바보인 줄 알았는데 도일설, 뒤집어 보니 부처라는 것이다.

번뇌즉보리煩惱卽菩提. 밤낮 부처니 보살이니 하며 절만 하고 돈만 갖다 바치면 무얼 해. 한번 도일설하고 자기 자신이 부처임을 알아 자기에게 절도 하고, 돈도 바치고, 자기의 삶을 시작해야 정말 자기를 존경할 줄 알 것이 아닌가. 천상천하에 유아독존이라고 까부는 석가를 박박 갈아서 개밥에 넣어버린 까닭은 내가 천상천하에 유아독존이기 때문이다. 밤낮 사대주의로 남만 잘났다고 하지 말고, 우리 속에서도 잘난 것을 끄집어내야 하지 않을까.

　이상을 초월에서 찾지 말고 내재에서 찾자. 해님만이 빛이 아니다. 내 속의 정신 광명은 햇빛보다 억만 배 밝지 않을까. 햇빛은 밖의 세계만을 보이게 하지만 우리의 정신은 남의 속도 꿰뚫어보는 고귀한 빛이 아닐까. 밖으로 향했던 눈을 안으로 도일설하여 우리의 정신과 문화 속에서 참다운 가치를 찾는 것, 그것이 심즉시불心卽是佛이요, 도일설의 교훈이리라. 남의 말을 듣기 전에 곰곰이 내 말을 들어보고, 남에게 묻기 전에 도일설하여 스스로 생각해 보라는 것이 운문의 마음일 것이다.

월간『사색』58호 〈벽암록〉

어떻게 자유를 얻을 것인가

　어떻게 자유를 얻을 것인가. 나비가 되는 수밖에 길이 없지 않은가. 어떻게 나비가 되는가. 고치가 되는 수밖에 길이 없지 않은가. 알에서 벌레로, 벌레에서 고치로, 고치에서 나비로 가는 길밖에 없다. 성문聲聞에서 연각緣覺으로, 연각에서 보살로, 보살에서 불타로, 이 길 외에 또 있을까. 말을 하려면 말을 듣고, 글을 보고, 글을 쓰고, 말을 하게 되는 길 밖에 또 있을까.

월간 『사색』 88호 〈벽암록〉

진실로 철든 사람이 아니면

    정말 철든 사람이 아니면 그 원리를 자유자재로 실천할 수가 없다. 아무리 좋은 원리가 있어도 사람이 철이 들어야 되지 철든 사람이 아니면 안 된다. 그 원리를 자유로 실천해서 자기도 이롭고 남도 이롭게, 그렇게 해야 되는데 철든 사람이 아니면 그것이 잘 안 된다. 진실로 그 사람이 아니면, 철든 사람이 아니면, 진리라는 것이 자유롭게 그렇게 행해질 수 없다. 도불허행道不虛行이다. 허虛는 비었다는 뜻도 되지만 여기서는 '자유롭게'라는 뜻이다. 텅 비어야 자유롭게 된다.   『주역 강해』3권 223쪽

빛 · 힘 · 숨

생각은 깊이 해야 하고, 사는 것은 높이 살아야 한다. 그리고 말하는 것은 쉽게 해야 한다.

예수님이 40일 금식했다는 것은 정말 깊게 생각한 것이다. 그렇게 깊게 생각해야 빛이 나오지 깊게 생각하지 않으면 빛이 나오지 않는다.

또 그 사람의 사는 삶은 높아야 된다. 높게 살아야 힘이 나오지, 낮게 살면 힘이 나오지 않는다. 물도 높은 곳에서 떨어져야 전기가 나온다. 높게 살아야 힘이 나오는 것이다. 그리고 쉽게 말해야 모든 사람을 살릴 수 있다. 그래서 빛, 힘, 삶이다. 그것을 원각경에서는 삼마디(Samadhi), 삼마파티(Samapatti), 디야나(Dhyana)라고 했다. 삼마디라 할 때는 거울을 비유로 말했다. 거울이란 빛이라는 것이다. 그리고 높게 산다 할 때는 나무가 높이 자라는 것으로 비유가 된다. 나무가 높게 자라는 것이다. 높이 높이 올라갈수록 거기에서 힘이 나온다. 그리고 그다음은 쉽게 말하는 것이다. 다 같은 말이다. 빛과 힘과 삶이라는 것이다.

그것을 유교에서 말할 때는 하늘과 땅과 사람이다. 하늘은 빛이고, 땅은 힘이고 사람은 생명이다. 빛과 힘과 생명, 또는 빛과 힘과 숨이다. 빛, 힘, 생명인데 생명이란 말도 빛과 힘처럼 한마디의 우리말로 나타낼 수 있으면 좋겠다 해서 좋은 말을 찾고 있는데 우선 '숨'이라고 해본다. 생명이란 것을 한마디로 딱 집어서 말할 수 있어야 되는데 아직 좋은 말을 찾을 수 없다. 그래서 지금은 할 수 없이 삶이라든가 숨이라든가 그렇게 말해둔다.

깊이 생각하고 높이 살아서 쉽게 말해야 한다. 하늘에 도달하기까지 높아야 되고, 땅에 도달하기까지 깊어야 되고, 사람에 도달하기까지 쉬워야 된다. 내용이란 이것이다. 그래서 "여실지견如實知見 설법무량說法無量"이다. 설법이란 무엇인가. 깊이 생각하고 높게 살아서 쉽게 말하는 것이 설법이다. 그래서 "수락受樂"이다. 듣는 사람도 즐겁고, 말하는 사람도 즐겁다. 모든 사람들이 다 즐거워야 한다. 우주가 기쁨으로 차야 된다. 이것이 법열法悅이다.

『법화경』 120~21쪽

인생에는 죽음이 없다

하나님은 체로금풍體露金風이다. 몸은 드러나고 바람은 빛나고 있다. 그대는 산을 본 일이 있나. 산은 청정법신淸淨法身이다. 그대는 물소리를 들은 일이 있나. 물은 일대설법一大說法이라고 한다.

산을 보고 물소리를 들을 수 있는 사람은 능히 하나님을 볼 수 있을 것이다. 그러나 아무리 산을 보아도 바위밖에 보이지 않고, 아무리 물소리를 들어도 시냇물 소리밖에 들리지 않으면, 산을 보아도 본 것이 아니요, 물소리를 들어도 들은 것이 아니다. 산이 걸어가고 물이 일어서야 능히 산을 보고 물소리를 들을 수 있다. 산은 단지 산이 아니요, 물은 단지 물이 아니다. 산은 움직여야 하고, 물은 멎어야 한다.

산이 움직이고, 물이 멎는다는 말은 내 눈이 한 번 뒤집히고, 내 귀가 한 번 뒤집혀야 한다는 말이다. 바람을 보게 되고 산을 듣게 되어야 수조엽락시樹凋葉落時 체로금풍體露金風을 알 수 있으리라.

 산이 죽은 산이요, 물이 죽은 물일 때는 산은 시들고, 물은 마른다. 그러나 산이 살아서 움직이고, 물이 살아서 날뛸 때는 몸은 드러나고, 바람은 빛난다. 산은 죽은 것이 아니다. 산은 내 거울이다. 내가 죽은 것뿐이다. 물이 죽은 것이 아니다. 물 또한 내 거울이다. 내가 죽은 것이다. 내가 살면 산도 살고, 물도 산다. 산은 드러나고, 물은 빛난다. 산은 죽은 산이 아니다. 물도 죽은 물이 아니다. 산도 살았고, 물도 살았다.

 천지와 자연은 나와 아무 상관없는 해골이 아니다. 꽃이 나를 보고 웃고 있고, 새가 나를 보고 울고 있지 않느냐. 꽃과 같이 웃고, 새와 같이 울자. 웃는 자와 같이 웃고, 우는 자와 같이 울자. 하늘이 그대로 웃고, 땅이 그대로 울고 있지 않느냐. 하늘과 같이 웃고, 땅과 같이 우는 사람에게 나무가 시들고 잎이 떨어진다고 웃음이 멎고 울음이 그칠소냐. 하늘은 죽은 하늘이 아니요, 땅도 죽은 땅이 아니다. 어찌 사람만이 죽은 것이랴. 사람도 죽은 사람이 아니고, 벌레도 죽은 벌레가 아니다. 눈을 뜨고 보면 일체가 삶뿐이다. 세상에는 빈 곳이 없듯이 인생에는 죽음이 없다. 인생은 영원한 생명이요 체로금풍이다.

 자기의 본체를 발견한 사람, 남산을 한번 바라본 사람, 나무가 시들고 잎이 떨어질 때 몸은 드러나고 바람은 빛난다. 죽어서 능히 운문雲門으로 들어갈 수 있는 사람은 누구나 다 체로금풍이다.

운문은 지금도 우리에게 물어보고 있다. 나무가 시들고 잎이 떨어질 때는 어떻게 될까. 용감하게 몸은 드러나고 바람은 빛난다고 대답할 사람이 그 누구냐. 언제나 자기의 발밑을 살펴야 한다.

내가 선 자리가 어디일까. 시드는 나뭇가지일까. 그렇지 않으면 푸른 바위일까. 반석 위에 집을 지은 사람은 장마가 나고 폭풍이 불어도 아무 염려가 없다. 그러나 모래 위에 집을 지은 사람은 그 무너짐이 대단하리라.

"승문운문僧問雲門 수조엽락시여하樹凋葉落時如何 운문운雲門云 체로금풍體露金風."

월간 『사색』 66호 〈벽암록〉

하나님과 나는 하나다

자연이라고 해도 좋고 죽음이라고 해도 좋다. 삶이 좋아하는 것은 죽음이요, 죽음이 좋아하는 것은 삶이다. 산이 좋아하는 것은 나무요, 나무가 좋아하는 것은 산이다. 산 없이 나무 없고, 나무 없이 산 없다. 산은 나무가 되고, 나무는 산이 된다. 둘이 아니다. 하나다. 내가 하나님 안에 있고, 하나님이 내 안에 있다. 하나님이 내가 되고, 내가 하나님이 된다. 산이 나무를 사랑하고, 나무가 산을 사랑한다. 내가 하나님을 사랑하고 하나님이 나를 사랑한다. 하나이기 때문이다.

월간 『사색』 97호 〈벽암록〉

사랑의 차원

사랑만이 진리를 깨닫는 유일한 길이라고 한다. 여기에 지혜와 사랑의 차이가 있다. 내가 살고 남을 살리느냐, 남을 살리고 내가 사느냐. 지혜는 나를 떠나지 못하나 사랑은 나를 떠나는 데 강점이 있다. 나를 떠나면 벌써 나는 구원된 것이고, 나를 떠나지 못하면 나를 구원하기 어렵다. 도덕과 종교, 율법과 복음의 관계도 마찬가지다.

사랑 속에는 내가 없다. 무아의 세계를 거치지 않으면 대아에 이르기 어렵다. 지혜는 안에서 자기를 찾으려고 하기에 자기를 넘어서기 어렵다. 남을 살리면 나도 산다는 사랑이 내가 살면 남을 살린다는 지혜보다 앞선다. 사랑의 차원이 높기 때문이다. 남을 살리는 길이 나를 살리는 길임을 가르치려는 것이 유마維摩의 본심이다.

월간『사색』 97호 〈벽암록〉

천국은 인식의 문제다

　인생의 기쁨, 인생의 즐거움, 그것은 이 생 속에 있고, 이 땅 위에 있다. 하늘 위에 있는 기쁨이 아니다. 이 땅 위에 있는 기쁨이요, 찰나의 기쁨이다. 미래의 영원한 삶이 아니라 이 순간의 영원한 삶이다. 이 순간이 있다. 이 순간이 되면 갑자기 시간이 멈추고 만다. 그리고 시간은 그대로 영원이 된다. 인간이 불행한 것은 자기의 행복을 알지 못하기 때문이다. 그것뿐이다. 절대로 그것뿐이다. 그것을 깨친 사람은 그 순간에 곧 행복해질 수가 있다.

　인생은 천국이다. 우리는 천국에 있다. 사람들은 그것을 알지 못하고 있다. 만일 이것만 안다면 곧 천국에서 살게 될 것이다. 일체가 천국이다. 천국은 우리 안에 있다. 누구나 천국을 창조할 수가 있다. 사람은 빛 속에서 살고 있는 것이다. 눈만 뜨면 된다. 천국은 존재의 문제가 아니라 인식의 문제다. 눈만 뜨면 된다.

『문학속의 철학』〈도스토예브스키〉 72~3쪽

죽어서 사는 사람들

시간을 초월했다는 참선과, 공간을 초월했다는 열반과, 인간을 초월했다는 공안公案이 절대의 세계를 상징하고 있다. 그들은 우주적 무의식 속에서 살고 있다. 마치 어린애들이 지식 이전의 유아적 무의식 속에서 사는 것이나 마찬가지다. 이들에게는 여기가 곧 열반이요, 이제가 곧 영원이요, 예배가 곧 유희다. 어린아이의 소꿉장난은 아니지만 자기를 벗어난 실존들의 유희삼매인 것이다. 거기는 근심도 없고, 걱정도 없고, 아픔도 없고, 불안도 없다. 동그라미 속이 극락세계요, 거기 주저앉는 것이 열반적정이요, 절을 하는 것이 한없는 즐거움이다.

실상의 세계는 기쁨의 세계요, 즐거움의 세계요, 아름다움의 세계요, 정신의 세계요, 신비의 세계요, 직관의 세계다. 거기는 분열과 아픔이 지양된 세계다. 어린아이의 세계가 생生 이전의 세계라면 이들의 세계는 사死 이후의 세계다. 이들은 한 번 죽었다가 다시 사는 거듭난 사람들이다. 그렇기 때문에 열반에서 살고 유희에서 살 수 있는 자격이 있다. 이들은 죽어서 사는 사람들이요, 세상을 초월한 사람들이요, 완전한 자유를 향유하는 사람들이다. 세상이 아무리 험악하더라도 그들의 세대를 침범할 수가 없다. 그들은 현세에서 벌써 극락을 사는 사람들이다. 내세를 앞당겨서 현세 속에서 살고 있다. 현재 속에 미래를 집어넣고 사는 사람들이다. 그들은 과거와 미래를 모두 현재 속에서 살려고 한다. 시간 대신 순진을, 공간 대신 정직을, 그리고 인간 대신 지혜를 가지고 살아간다. 모든 시간과 공간과 인간을 초월한 영원 무한한 신령들이다.

   참 생명, 산 사람, 창조적인 인간, 그들에게는 생명이 있고, 진리가 있고, 진실이 있고, 기쁨이 있다.

월간 『사색』 90호 〈벽암록〉

에필로그

관념의 세계에서 실존의 세계로

인간은 문화 속에 살고 있다. 사람의 생각도, 감정도, 의지도, 욕구도 모두 문화의 결정적 영향을 받게 된다. 우리의 생각이나 감정이나 의지가 문화의 전통 없이 존재하지 못하는 것은 말할 것도 없고, 우리의 행위도 학습을 전제하지 않고는 이해할 수 없다. 우리가 문화 속에 있다는 것은 관념 속에서 살고 있다는 의미다.

관념 속에서 산다는 것은 말 속에서 산다는 뜻이다. 사람은 배운 말로 생각하고, 느끼고, 의지를 전달한다. 말은 역사적, 문화적 산물이지 내가 만든 것이 아니다. 말은 우리가 배울 때 벌써 실재로부터 독립된 것이다. 말은 실재와 나 사이에서 어느 정도 실재를 대표하면서 그와는 독립되어, 사람들 사이에서 유통되고 있는 돈과 마찬가지로, 말은 하나의 개념으로서 우리 지식의 근거가 된다.

말과 비슷한 것이 도구다. 도구는 자연과 인간 사이에서 자연을 소재로 하여 하나의 독립된 형상이 되고 인간의 목적에 적응하여 그 기능을 발휘하고 있다. 도구는 기능을 가진 관념존재다. 문화의 세계에서는 인간도 하나의 기능으로 처리되어 어떤 목적에 쓰이는 도구로서 관념존재가 되기도 한다.

도구와 비슷한 것이 생활양식이다. 인간관계는 역사적으로 성립된 하나의 생활양식에 의하여 규정된다. 이 양식에 근거하여 인간은 살고, 죽는다. 이 양식은 인간의 생활을 어느 정도 대표하면서도 인간 생활과 독립하여 실재하는 하나의 제도로서 인간을 규제한다. 결국 인간은 말에 지배되고, 도구에 지배되고, 제도에 지배되는 가엾은 존재다. 관념과 도구와 제도는 인간의 산물이면서 동시에 독립한 실재로서 인간을 규제하는 관념적 실재다. 인간에게 말이 필요하고, 도구가 필요하고, 제도가 필요함은 말할 것도 없다. 말로 사상을 대표하고, 도구로 사물을 처리하고, 제도로 인간관계를 관리한다. 그리하여 인간은 문화적 존재가 된다.

그러나 사람이 말에 붙잡히고, 도구에 집착하고, 제도에 얽매이면 생각과 행동과 발전은 없어지고 만다. 마치 어항의 물이 썩듯 말이 탁해지고, 도구는 낡아지고, 제도가 늙어지면 어항의 고기가 죽듯 사람의 생각과 행동과 발전은 죽게 마련이다.

호수에는 언제나 샘물이 솟아올라야 한다. 물은 다시 맑아지고, 말은 다시 힘을 얻고, 도구는 다시 새로워지고, 제도는 다시

고쳐져야 한다. 새로운 사유와 새로운 행동과 새로운 발전을 가져올 수 있는 젊음을 실존이라고 한다. 실존은 사유적, 행위적, 창조적 존재다. 실존은 새로운 문화의 창조력을 갖고 있다.

실존 없는 문화는 썩게 마련이다. 실존이 없으면 인간은 낡은 관념에 갇혀 인간의 문화는 병들게 마련이다. 관념은 본질적으로 현재적이다. 과거와 장래의 내용도 관념이 되면 현재가 되고 만다. 더욱이 무無나 비존재일지라도 그것이 관념이 되면 유有가 된다. 관념의 세계는 일체가 유有요, 현재다. 문화의 터에서 관념은 실재다.

신의 관념은 실재의 관념을 포함하기 때문에 신은 존재한다는 존재론적 증명도 있고, 신은 궁극 원인으로서 실재한다고 하는 우주론적 증명도 있고, 신은 궁극의 의미와 목적으로서 존재한다는 목적론적 증명도 있다. 이러한 모든 관념은 실재한다는 전제로부터 출발한다. 그리하여 신은 존재한다고 증명된다.

그러나 관념이 실재하는 것은 문화의 세계에서만 설득력을 가진다. 실존의 입장에서 보면 관념은 실재가 아니다. 오히려 실재야말로 관념의 원천이다. 관념이라는 나무가 자랄 수 있는 터는 실재이기 때문이다. 관념만의 세계는 뿌리 없는 나무나 마찬가지다. 조만간 말라버릴 운명에 놓여 있다. 그러므로 관념적 실재로서의 신은 잘못된 사유의 산물에 불과하다.

관념의 세계에서는 지식도, 계획도, 행위도 모두 이미 있는 관념으로부터 출발하여 새로운 관념을 형성해간다. 지식도 지성과 지식으로부터 출발, 경험을 거쳐 다시 지식으로 가는, 관념으로부터 관념으로 가며, 의지도 일정한 계획을 실현하려고 하는 한, 관념으로부터 관념으로 간다. 그런고로 문화적 자아는 '있는 것'이 아니라 '있다고 생각되는 것', 즉 관념을 있다고 전제하고, '있어야 할 것'이 아니라 '있어야 할 것이라고 생각되는 것', 즉 율법을 있게 하려고 애쓰는 것과 마찬가지다. 이런 의미에서 문화적 자아는 관념으로부터 관념으로 가는 하나의 관념에 불과하다.

인생은 꿈이란 말이 있다. 인생은 관념을 살고 있는 것이다. 문화적 인생은 일체를 관념화한다. 인간은 쾌감, 불쾌감이란 감정도 관념화한다. 감정이란 체험으로서는 순간적이고, 계속되는 것이 아니지만, 쾌·불쾌가 관념화될 때 그것은 지식이 되고 기억이 되어 쾌는 계속 추구하게 되는, 관념적인 삶을 살게 된다.

인간의 관념화가 자기에게 적용되면 자기도 하나의 관념이 되어 주어진 관념으로부터 자기를 이해하고, 사유하고, 행위하고, 생활하게 된다. 그리하여 자아는 관념의 타율 밑에 노예가 된다. 일정한 세계관, 인생관 밑에서 자기를 이해하고, 그러한 자기이해에서 인생은 출발된다.

일단 자기의 현재와 미래에 대하여 일정한 관념이 성립되면 그 목표를 달성하기 위하여 인간은 수단방법을 가리지 않는다. 이러한 생에 있어서는 자기의 목표를 달성하기 위하여 다른 사람은 모두 수단이 되고 만다. 관념적 자아의 설정은 행복(쾌快)의 추구가 되고, 남(타자)은 수단이 되어 경쟁은 노골화되고 사회는 불안과 공포로 가득 차게 된다. 이러한 생을 도덕으로 해결하려고 들면 관념화된 도덕의 노예가 되고, 종교로 해결하려고 들면 관념화된 종교가 다시 인간의 목을 조른다. 여기에 인간은 관념으로부터의 해탈을 부르짖게 된다.

실존이란 관념으로부터 해탈한 존재다. 물에 빠진 사람처럼 관념에 빠져 관념 속에서 맴돌고 있는 것이 아니라, 관념을 깨치고 실재에 부딪힌 사람을 실존이라고 한다. 보통 진리를 깨달았다고 하지만 진리란 별것이 아니다. 관념 가운데서 제일 마지막까지 붙어 다니는 관념이 진리인 것이다. 사람은 결국 진리라는 관념을 벗어나게 될 때 실재에 부딪히게 되는 것이다.

이 관념을 꿰뚫고 실재에 부딪히는 것이 직관直觀이다. 혹은 순수직관이라고 한다. 옛날 동양 사람들이 도통道通이라고 하는 말과 비슷하다. 도에 통한다는 말도 망상을 벗고 실재에 부딪히는 것이다.

사람은 돈으로 사는 것이 아니라 밥으로 산다. 돈이라는 관념을 벗어나 밥이라는 실재에 부딪히면 실존이다. 그러나 관념에 사로잡힌 문화인은 밥은 안 보이고 돈만 보인다. 돈이 안 보이고 밥이 보이게 하기 위해서는 사람은 결국 진리를 깨닫는다는 하나의 사건을 가져야 한다. 계시를 받았다고 하건, 성령을 받았다고 하건, 순수직관을 얻었다고 하건, 무엇으로 표현되든 간에 인간은 한번 거듭나는 데가 있어야 한다.

천지개벽하는 사건을 통해서만 인간은 관념으로부터 벗어날 수 있다. 순수직관만이 관념으로부터의 해탈을 가져온다. 관념이 붕괴될 때 직관된 세계는 무한히 충만한 실재의 세계다. 순수직관이 성립될 때 관념적 자아, 문화적 자아는 해소되고, 쾌의 지식과 경쟁의식과 생의 목표는 물러간다. 순수직관으로 말의 세계는 무너지고 참의 세계가 전개된다. 관념적 자아가 무너지고 실재적 자아로 바뀔 때 허무는 변해서 충만이 되고 나는 남과 비로소 연관이 된다. 나의 생각과 행위는 관념적 자아에서 출발되는 것이 아니라 타자의 현실과 요청에서 출발이 된다. 이것을 인간은 사랑이라고 한다.

사랑은 순수직관의 결과다. 사랑의 근원을 믿음이라 한다면 순수직관이야말로 믿음이다. 믿음과 사랑에는 집착이 없다. 집착은 자기중심의 관념적 생에서 나오는 것이다. 순수직관은 관념을 초월한다.

실존이 초월자를 말하게 되면 그는 종교적 실존이다. 그는 초월자를 말하고 초월자에게 감사한다. 초월자야말로 자기 생의 근거이기 때문이다. 하나님은 관념이 아니라 실재다. 실재이기 때문에 신앙은 사유로부터 시작하는 것이 아니라 직관으로부터 시작한다. 직관의 세계는 관념이 아니요, 기억될 수 있는 지식도 아니다.

    종교적 실존은 가르쳐서 되는 것도 아니다. 가르쳐서 된다면 그것은 관념적 생이지 순수직관이 아니다. 순수직관은 누구의 도움으로 되는 것이 아니다. 종교적 실존은 꽃이 피듯이 저절로 된다. 이것은 모든 관념적 자아가 무너지는 하나의 위대한 사건이다. 마치 하늘에서 불이 떨어져 소돔과 고모라가 없어지듯이 관념적 자아가 없어지고 만다. 생의 욕구도, 행복의 추구도, 남과의 투쟁도 다 없어진다. 다만 존재의 빛이 비치는 대로 삶의 길을 걸어갈 뿐이다. 이 길에 충만이 있다. 생각이 넘치고, 말이 넘치고, 글이 넘치고, 기운이 넘친다. 넘치는 힘을 가지고 뒤를 돌아보면 원수로 보였던 모든 중생이 원수가 아니라 내 이웃이다.

    종교적 실존의 표현은 그야말로 계시요, 상징이다. 그 속에는 아무런 관념적 내용이 없다. 종교적 실존의 자기표현은 아무런 의미가 없다. 새가 노래를 부르고 사슴이 뛴다고 해서 거기에 어떤 지적 의미가 있는 것이 아니다. 다만 생명의 약동을 보여주는 것뿐이다. 꽃이 피고 열매가 맺혔다고 해서 거기에 무슨 뜻이 있는 것이 아니다. 생의 매듭을 보여주는 것뿐이다. 석가가 출가하고 부처가 되었다고 해서 거기에 무슨 의미가 있는 것이 아니다. 하나의 생명의 매듭을 보여준 것뿐이다. 예수가 십자가에 달리고 부활했다고 해서 거기에 무슨 의미가 있는 것이 아니다. 하나님의 생명이 계시된 것뿐이다. 종교적 실존의 표현은 계시요, 상징이지 어떤 의미가 아니다. 종교적 실존의 세계는 관념이 아니다. 실재다. 거기에는 힘이 있고 빛이 있을 뿐이다.

그런데 이러한 실재의 세계가 관념으로 해석될 때 상징이 변하여 의미가 된다. 이렇게 되면 종교적 상징이 절대화하여 교의가 되고, 종교적 입장이 없어지고 문화적 입장이 유일한 입장이 되어 문화적 관념성이 의미내용이 된다. 인간이 이미 순수직관을 잃고 근원적 사유와 행위가 말살될 때 상징은 이미 상징이 되지 못하고 다만 전달된 종교적 관념만이 절대화가 된다. 그때 거기에는 무서운 독단과 어리석은 우상숭배만이 신앙이라고 생각되게 된다. 교리는 절대화가 되어 관념으로부터 관념으로의 새로운 죄악이 되풀이되고, 교단 안의 모순과 갈등은 종교 없는 세계보다도 더 더럽게 된다. 종교는 종교적 실존을 회복해야만 종교가 되게 마련이다.

월간 『사색』 23호 〈종교적 실존〉

엮고 나서

1970년 11월, 현재鉉齋 김흥호金興浩 선생은 "생각하는 사람들의 벗이 될"이라는 부제를 가진 개인 철학지 월간 『사색思索』의 발간을 시작했다. A4 절반의 크기인 20쪽의 이 얇은 책자는 매월 2천 부가 발행되어 이화여대 교내외 안팎으로 퍼져나갔다. 그리고 계획대로 12년 후 1982년 10월에 총 144호로서 종간을 하였다.

그 작은 책자를 통하여 현재 선생은, 인생에 있어서 가장 중요한 '근본문제'와 '근본경험'을 동서양의 성인, 철인들이 어떻게 해결해나갔는지 천착하였다. 그와 함께 생각이란 무엇인지, 어떻게 생각해야 하는지, 왜 생각해야 하는지, 무엇을 생각해야 하는지를, 동서양 성인들의 경전과 사상가들의 고전에서 배울 수 있도록 섭렵해나갔다. 이러한 『사색』의 출판은 동시에 매주 철학특강과 연경반 강의와 함께 진행되었다. 그것은 총 45년 동안이라는 선생의 생애 절반을 차지한다.

선생은 기독교 목사로서 동양의 종교철학과 한국의 유불도儒佛道를 깊이 탐구하였다. 그것은 한국인으로서 자신의 사상적 뿌리를 알지 못하고서는 서양의 종교인 기독교를 우리의 것으로 체득體得하기 힘들다고 생각했기 때문이다. 선생은 앞으로 기독교가 한층 더 성숙한 종교가 되기 위해서는 동양, 특히 한국의 사상을 먹고 자라지 않으면 안 된다고 했다. 그래야만 전세계인을 구원할 수 있는 종교로 거듭 날 수 있다고 했다.

선생은 35세 깨달음 이후에 12년간을 정하여 놓고, 일식一食 일좌一坐 일인一仁 일언一言에 맞추어 기독교, 불교, 유교, 도교를 집중적으로 공부했다. 불교의 경우는 참선을 병행하였다. 참선이 없는 불교공부는 무의미하기 때문이라 하였다.

이 책은 선생의 많은 가르침 중에서 특히 선생이 강조했던 '생각'에 대하여 1장에서 찾아보고, 참 생각을 해나가는 과정으로서 2장 번뇌, 3장 심재, 4장 스승, 5장 몰두, 6장 깨달음, 7장 통일지, 8장 실상의 세계로 묶었다. 이것은 '생각하는 훈련'이라 할 수도 있을 것이다. 생각만이 아니라, 생각하고 실천해야 하는 '수도의 단계적 공부'라고도 할 수 있다. 물론 이것은 공식 같은 것은 아니다. 순서가 바뀔 수도 있고 동시에 겪을 수도 있다. 한국인의 '수신을 위한 교과서'로 삼으면 좋겠다고 생각하면서 선생의 말씀을 골랐다.

선생의 사상은 방대하다고 할 수 있다. 서양철학, 기독교를 비롯하여 중국의 유교철학과 선불교철학, 노장사상, 한국 주자학과 양명학, 불교, 노장사상, 다석多夕 유영모柳永模 선생의 사상까지 일반 독자들은 읽어가기가 어렵다고 할지 모르겠다.

이런 경우 이 책은 핵심어 '생각'을 가지고 선생의 말씀을 골라낸 것이므로 이 책, 『심재』로부터 선생의 사상에 입문할 수 있다고 본다. 그다음 월간 『사색』 읽기를 권한다. 지금은 선생이 돌아가신 2012년 12월부터, 『사색』을 12년 동안 선생이 생전에 발간해나간 그대로 재간행을 하고 있다. 2019년 2월, 76호를 내었다. 그리고 불교의 『원각경 강해』, 『법화경 강해』, 『화엄경 강해』가 있고, 유교로는 『주역 강해』가 있다. 그리고 『노자·노자익 강해』가 있다. 기독교로는 설교집 6권과 『신의 아들 예수, 사람의 아들 그리스도』와 『빛 힘 숨: 십자가 부활 승천』이라는 요한복음 강해가 있다.

선생의 강의나 글들은 처음에는 익숙하지 않아 이해하기 힘들지 모른다. 현재 선생은 스승 다석 선생의 강의를 따라다닌 지 3년 만에 귀가 뚫렸고, 6년 만에 깨달음을 얻었다고 한다. 그만큼 시간과 공이 들어가야 우리의 귀도 뚫리게 될 것이다.

선생의 바람은 개인적으로는 건강한 정신, 건강한 육체이다. 사회적으로는 이웃사랑이다. '하나님을 사랑하고 네 이웃을 사랑하라'이다. 사랑은 십자가에서 나온다. '나는 죽고 너를 살린다'이다. 나는 죽어야 하는 것이다. 내가 살아있으면 원수를 사랑할 수 없다. 예수는 그렇게 죽은 것이고, 부활은, 우리가 부활하는 것이다. 하나님 사랑의 증거로서 영원한 생명을 얻는 것이다. 현재 선생 개인은 35세에 죽었다. 그 이후 그리스도가 그의 안에서 그를 45년간 우리를 위해 말씀하게 한 것이다.

　선생은 22세기에는 우리나라 한국이 전 세계를 주도하는 어른의 나라가 된다고 한다. 그렇게 되려면 개인, 가정, 사회와 국가 모두가 성숙해져야 한다. 철이 들어야 한다. 그것은 쉬운 일이 아니다. 불가능하다고 하는 사람들이 더 많다. 불가능한 이 일에 선생은 평생을 바쳤다.

　예수는 제자들에게 '내 살을 먹고, 내 피를 마시라' 하여 그와 언약하도록 했다. 달마는 혜가에게 '너는 내 골수를 가졌다'고 말했다. 스승의 가르침 속에는 그의 골수, 그의 살과 피가 있다. 그 언약의 수행을 찾아 우리는 오늘도 가고 있는 것이다. 이 책이 그런 사람들에게 도움이 될 수 있으면 좋겠다.

　끝으로 이 책을 여러 해 동안 기획하여 준비해왔는데 마침 현재鉉齋 김흥호 선생의 탄생 백주년에 맞추어 출간하게 됨을 기쁘게 여기고, 앞으로도 선생의 중요한 말씀을 골라 사상전집과는 별도로 계속 출간할 계획임을 이 자리를 빌어 밝힌다.

2019년 4월 30일

편집자 씀

출전 목록

월간 『사색』 전 144호(1970년 11월 ~ 1982년 10월)
『생각 없는 생각』 솔, 1999
『푸른 바위에 새긴 글: 벽암록 풀이』 솔, 1999
『양명학 공부』 전 3권, 솔, 1999
『주역 강해』 전 3권, 사색 출판사, 2003
『원각경 강해』 사색 출판사, 2003
『법화경 강해』 사색 출판사, 2004
『문학 속의 철학』 사색 출판사, 2005
『화엄경 강해』 전 3권, 사색 출판사, 2006
『인물중심의 철학사: 합리론 편』 사색 출판사, 2006
『하나님 나라가 땅에서도 이루어지이다』 사색 출판사, 2009
『빛·힘·숨: 십자가·부활·승천』 요한복음 강해, 전 5권 사색 출판사, 2011
『무지·무위·무욕: 노자·노자익 강해』 전편 전 4권 사색 출판사, 2013
『무지·무위·무욕: 노자·노자익 강해』 후편 전 4권 사색 출판사, 2016
『구약전서 강해』(강의 녹취록)

鉉齋 김흥호 선생
생각하는 사람의

심재心齋

지은이 | 김흥호
발행인 | 임우식
기획 편집 | 이경희

1판 1쇄 발행 | 2019년 5월 22일
1판 4쇄 발행 | 2025년 4월 20일

발행처 | 사색 출판사
전화 | 010-4226-0926 팩스 02-6442-9873
홈페이지 | www.hyunjae.org
이메일 | gabeim@hanmail.net
인쇄 | !nDefine

Copyright ⓒ 김흥호 2025, Printed in Korea.
값 17,000원

ISBN 978-89-93994-27-8

*저자와의 협의에 따라 인지는 생략합니다.
*잘못된 책은 바꿔드립니다.
*이 도서의 국립중앙도서관 출판시도서목록(CIP)은 e-CIP 홈페이지
 http://www.nl.go.kr/cip.php에서 이용할 수 있습니다.
 (CIP제어번호: CIP2019018763)